はじめに

ビットコイン・ブームが起きています。

本書執筆時点（2017年2月）のビットコインの時価総額は169億ドル。1ドル＝110円で計算すると、1兆8590万円になります。驚くべきはその伸び率で、1年前の57億ドルのおよそ3倍にまで膨らんでいます。2年前は30億ドルですから、この1年で急成長したことがわかります（図1）。

また、ビットコインのユーザー数も拡大の一途をたどっています。2017年2月時点のユーザー数は世界で1186万人。1年前は580万人ですから、およそ2倍。2年前は290万人なので、倍々ゲームで増えてきているわけです（図2）。

世界中から熱い視線が注がれているビットコインですが、はたしてそれがどんなものなのか、よくわからないという人が多いのが現状ではないでしょうか。ビットコインは仮想通貨（バーチャル・カレンシー）といわれますが、バーチャルなだけに手に取って触ることができないため、それがどんなものなのか、意外と知られていないようです。

図1 時価総額の推移

これからくわしく説明しますが、ビットコインは、ブロックチェーンという新技術によって生まれた「仮想通貨」であり、電子データで表される「デジタル通貨」であり、高度な暗号セキュリティに守られた「暗号通貨」であり、特定の国に属さない「国際通貨」であり、分散型ネットワークに支えられた「民主的な通貨」でもあるという、きわめて複雑な特徴を持っています。

でも、使い方はごく簡単。スマートフォンに専用アプリをインストールして、必要事項を入力。本人確認書類を送って承認されれば、すぐにはじめることができます（使い方は14ページ参照）。そして、実際に使ってみれば、直感的に「ああ、こういうことか」とわかる

図2 ユーザー数の推移

ブロックチェーンウォレットユーザー

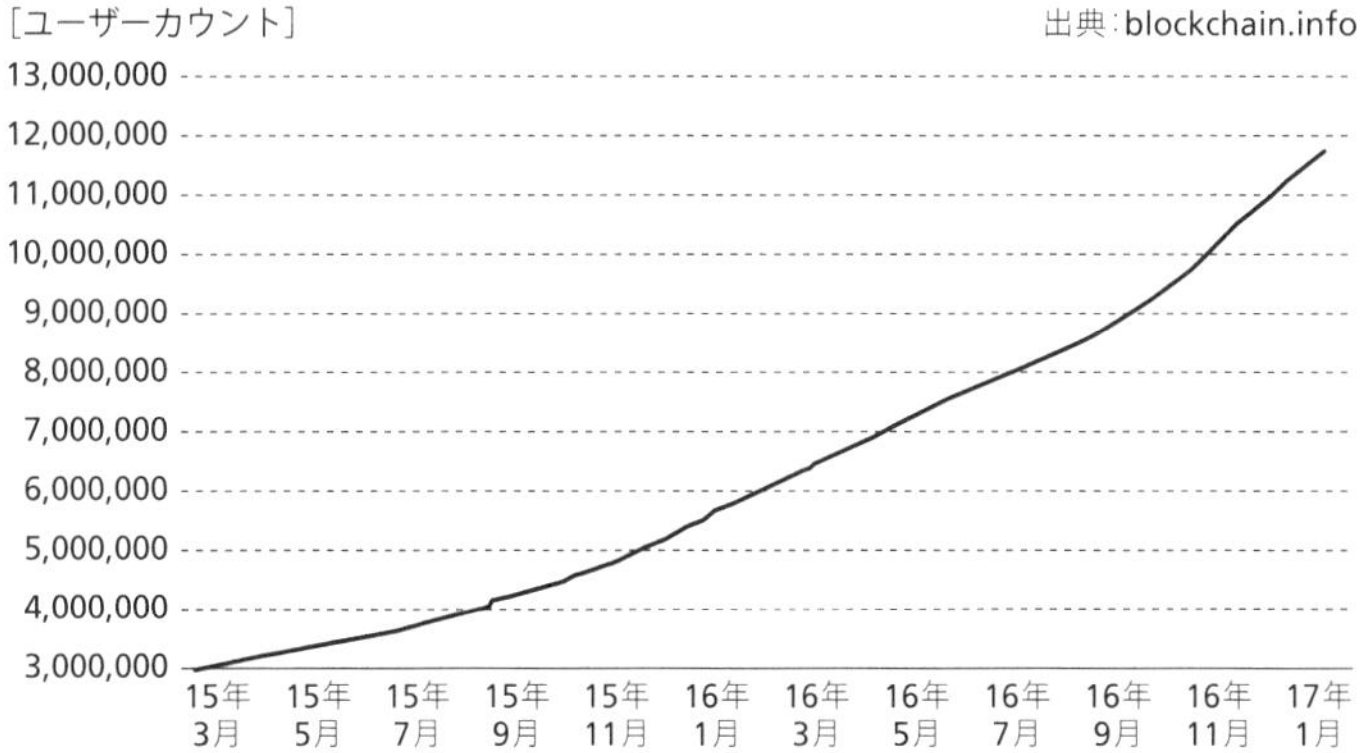

はずです。

本書は、デジタル時代に新しく生まれたビットコインと、それを支えるブロックチェーン、さらに大きなフィンテック（ファイナンシャルテクノロジーの略）の広がりについて、みなさんに身近に感じてもらうことを目的に書かれています。そのため、三つの円の内側（ビットコイン）から外側（フィンテック）へと、順番に解説していきます（図3）。

PART1では、ビットコインとはいったい何なのか、を丁寧に説明します。円やドルとどう違うのか。クレジットカードや電子マネー、ポイントカードとはどう違うのか。どこで手に入れて、何のために使うのか。みなさんの素朴な疑問に一から答えます。

ＰＡＲＴ２では、ビットコインの仕組みを掘り下げます。なぜ実体のないバーチャルなお金に価値があるのか。ブロックチェーンやマイニング、ハッシュ関数など、ビットコインのことを調べると必ず出てくるキーワードについて、理解を深めていただきます。

ＰＡＲＴ３では、ビットコインの安全性とルールについてまとめます。新しい技術には不安がつきものです。デジタルデータなだけに、コピーされたり、改ざんされたり、盗まれたりする心配はないのか。マネーロンダリング（資金洗浄）など不正に利用される心配はないのか。技術的な説明と、ルールづくりの状況をあわせて紹介します。

ＰＡＲＴ４では、ビットコイン以外の仮想通貨を紹介します。ブロックチェーンという画期的な技術によって、さまざまな仮想通貨が登場しています。その中から代表的なものをいくつか取り上げます。

そして、最後のＰＡＲＴ５では、フィンテックというより大きな枠組みで見たときに、どんなサービスがあるのかを紹介します。ブロックチェーン以外の技術をベースにした、スタートアップが牽引する新しい金融サービスの中で、既存の金融機関はどんな役割を果たすのか。そうしたことも述べてみたいと思います。

図3 ビットコイン、ブロックチェーン、フィンテックの関係

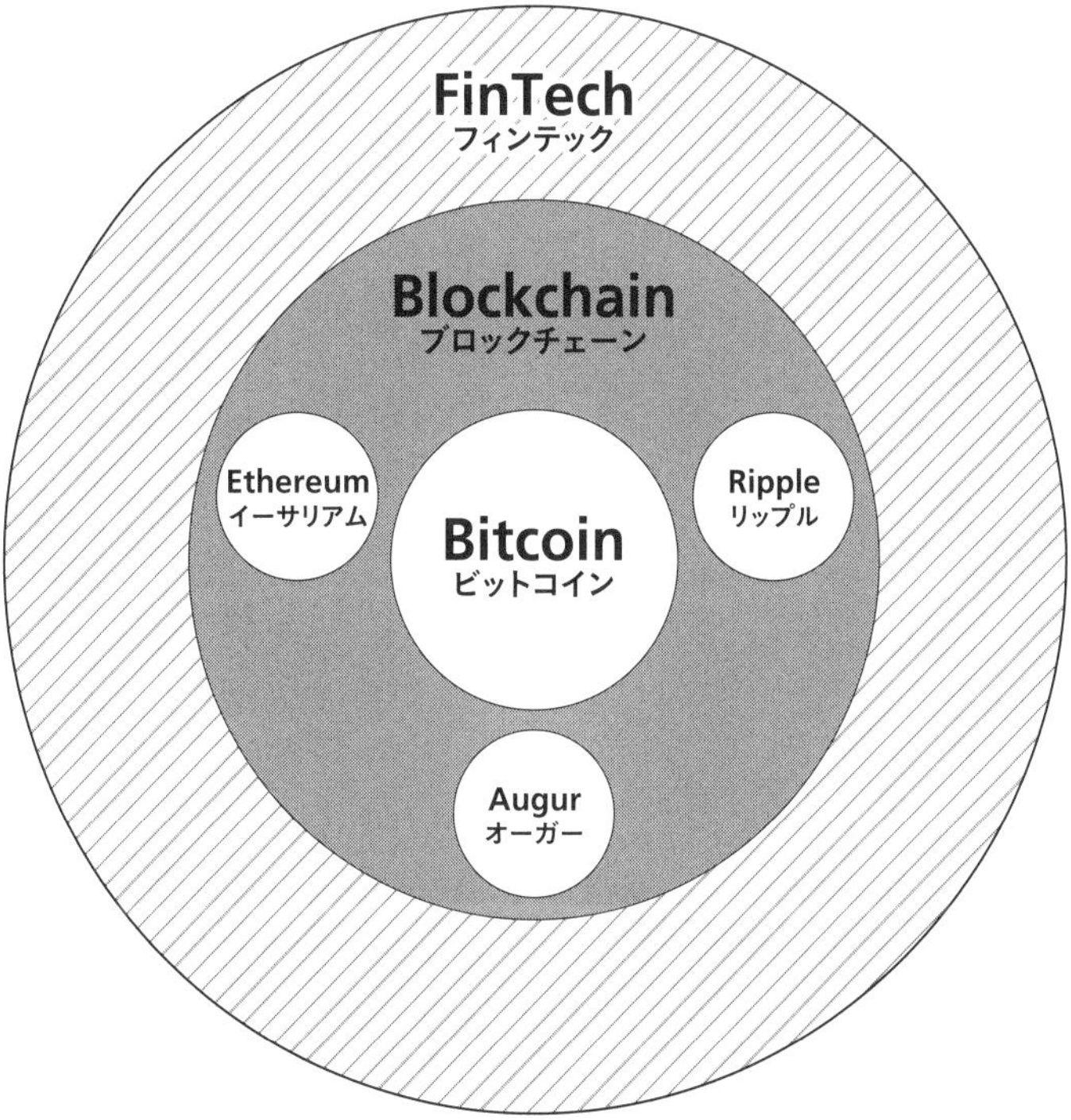

本書を読み終えた頃には、みなさんはきっと、ビットコインやブロックチェーン、フィンテックについて、誰かに語れるだけの知識を身につけているはずです。

テクノロジーによって、世の中はどんどん便利になります。本書をきっかけに、ひとりでも多くのみなさんが、実際に仮想通貨を使ってみたり、各種サービスを利用したりして、その効果を実感してほしいと願っています。

大塚　雄介

2017年2月

CONTENTS

いまさら聞けない　ビットコインとブロックチェーン

PART 1
ビットコインって何なの？

PART 2

ビットコインの仕組みはどうなっているの？

PART 3

ビットコインの安全性や法整備はどうなっているの？

PART 4

仮想通貨とブロックチェーンはどこまで広がるの？

PART 5

フィンテックが実現する未来とは？

Prologue

今日からはじめる
ビットコイン入門

ビットコインの使い方はとても簡単。現金を「入金する」「出金する」、ビットコインを「売る」「買う」、ビットコインを「送る」「受け取る」の６つの操作がわかれば、いますぐはじめることができます！

2017年は、ビットコイン関係者の歓喜と悲鳴とともに幕を開けました。

2016年の後半はだいたい「1BTC（ビットコインの単位です）＝6万円台」で落ち着いていたビットコイン相場（ビットコインと円の交換レート）が、11月あたりからジリジリと上がりはじめ、2016年末に一時12万円台に達します。

年が明けてからもその勢いはとまらず、1月5日にはついに15万円を突破して大騒ぎになりますが、その日の夜から突然急落し、日付が変わる頃には一時11万円を割り込むところまで落ち込みます（ちなみに、ビットコインの取引は24時間365日可能です。クリスマスや年末年始も休みはありません）。

ビットコイン価格が急落したのは、相場に大きな影響を持つ中国で資本規制が強化されるという情報が流れたからですが、1月6日の明け方には早くも持ち直し、昼頃までには一時13万円台まで回復して、その後10万円前後で落ち着きました。まるでジェットコースターのような値動きです（図4）。

これだけ価格変動が激しいのは、ビットコインに対する「期待」と「不安」が高まっている証拠です。そして、これだけボラティリティ（変動幅の比率）が高いということは、投資対象としては、リスクはそれなりにあるものの、その分、魅力も大きいということに

図4 2017年1月前後のビットコイン相場

ビットコインリアルタイムチャート

出典：Coincheck

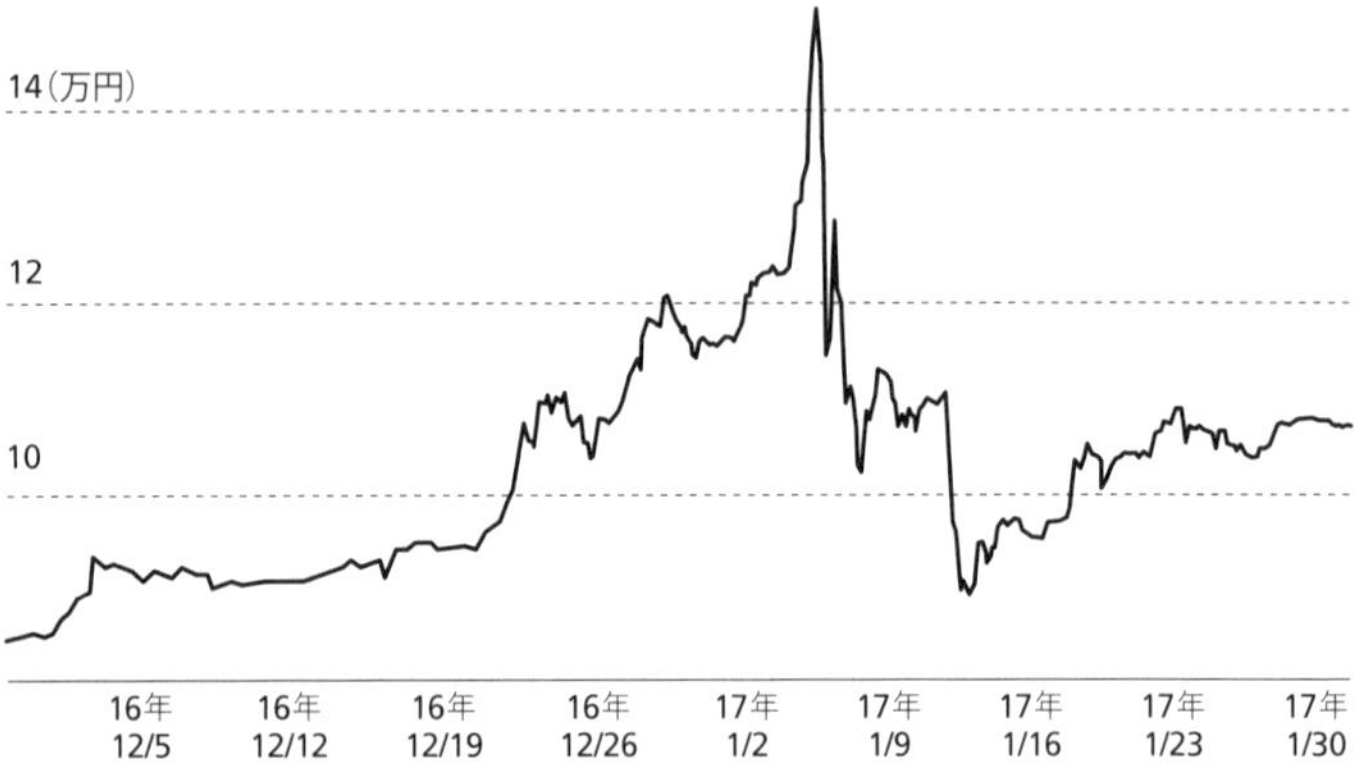

なります。あらゆる投資の基本は、安く買って高く売ることだからです。

このように、仮想通貨のビットコインはいまやブームの様相を呈しています。

これから、ビットコインはどんなものか、どんなときに使えるのか、くわしく解説していきますが、お金の価値は、使ってみてはじめて実感できるものです。

ごく簡単な手続きだけではじめることができるので、とにかく試しに使ってみたいという人のために、ＰＡＲＴ１に入る前に「ビットコインの使い方」をひと通り紹介します（もちろん、ＰＡＲＴ１以降を先に読んで、ビットコインを買うメリットやリスクをきちんと理解してからはじめられてもかまいません）。

ビットコインを入手する方法はいくつかありますが、いちばん手っ取り早いのは、ビットコインのアプリを手に入れ、ビットコインを扱っている取引所から「買う」ことです。

現在、日本でビットコインを扱っている主な取引所を次ページの図5にまとめました。この中から好きなところを選んで取引をはじめることができます。

ウェブサイトやアプリのインターフェイスは常に更新されるので、ここでは操作画面を記載せず、操作方法の概略だけを説明しますが、私たちが運営している「コインチェック」のウェブサイト（https://coincheck.com/）やアプリ画面を見ながら次の説明を読んでいただくと、わかりやすいと思います。

写真入り身分証明書と、証明書と一緒に写った本人写真の提出が必要

ビットコインの取引を行うには、本人確認書類の提出が必要です（マネーロンダリングなどの不正利用を防ぐためです）。

はじめてコインチェックのウェブサイトにアクセスすると、メールアドレスの登録が求められます。スマホの人は、iPhoneのApp StoreやGoogle Playからコインチェックのア

図5 日本の主なビットコイン取引所

	①取引手数料	②レバレッジ(証拠金倍率)取引	③日本円入金方法	④アルトコイン(ビットコイン以外)の取り扱い	⑤スマホアプリの有無
bit flyer	0.01〜0.15%	レバレッジ最大10倍	銀行振込 コンビニ入金 クレジットカード	イーサリアム	iPhone Android
bit bank	0〜0.1%	なし	銀行振込 クレジットカード	なし	なし
BTC BOX	0.2%	レバレッジ最大3倍	銀行振込	なし	iPhone
Coin check	0%(期間限定)	レバレッジ最大5倍	銀行振込 コンビニ入金／ペイジー入金 クレジットカード	イーサリアム リスク ファクトム ネム(XEM) リップル	iPhone Android
Zaif	−0.01〜0.1%	レバレッジ最大7.77倍	銀行振込 コンビニ入金／ペイジー入金 クレジットカード	モナコイン ネム(XEM) カウンターパーティー(XCP)	iPhone Android

プリをインストールしてください。メアドを登録すると、折り返し確認メールが届くので、それをクリックして本人確認画面にアクセスします。

フェイスブックのアカウントを持っている人は、フェイスブックで登録することができますが、実際に取引をはじめるには、本人確認書類の提出が必要です。

本人確認画面では、住所・氏名・生年月日など、必要事項を入力のうえ、運転免許証やパスポートなど、本人写真入りの身分証明書の画像（免許証の場合は、住所変更の有無を確認するため裏面の画像も）と、提出された身分証と本人が一緒に写っている写真（写真入りの面を表に向けた免許証やパスポートを手に持った自撮り写真）を画面上の指示に従ってアップロードします。スマホの場合は、その場で自撮りして、それらの写真を送ることができます。

登録後しばらくすると、「本人確認終了」のメールが届きます。さらに数日後、住所確認のための書類が簡易書留で登録住所に送られてきます。それを受け取り、登録住所が間違いないことが確認できたら、登録完了です。

これでビットコインの取引をはじめることができます。

主な操作は６つだけ

コインチェックのウェブサイト（またはアプリ）にログインすると、「ウォレット」画面が現れます。ウォレットはビットコインを入れておく「あなた専用の銀行口座」のようなものです。

いくつかメニューが並んでいますが、これらは大きく６つの操作に分けることができます。「①入金する」と「②出金する」、「③コインを買う」と「④コインを売る」、「⑤コインを送る」と「⑥コインを受け取る」をセットで考えると、わかりやすいはずです。

①入金する

現金の出し入れに関するメニューです。先に円やドルなどの現金を取引所の指定口座に預けておいて、その金額の範囲内でビットコインを買うことができます（預けた金額を証拠金としてレバレッジ取引することもできます）。

入金のしかたは、①銀行振込で入金する、②コンビニで入金する、③提携金融機関から最大1億円までクイック入金する（24時間365日対応）、の三つです。それぞれメニュー画面の指示に従って入金してください。

②出金する

現金の出し入れに関するメニューです。ビットコインを売った代金を受け取りたいときは、あなたの銀行口座を登録します。取引所に預けている円やドルのうち、現金で引き出したい金額を指定すれば、その金額があなたの銀行口座に振り込まれます。

③コインを買う

ビットコインの売買に関するメニューです。円やドルを支払ってビットコインを受け取ることを「ビットコインを買う」といい、ビットコインを支払って円やドルを受け取ることを「ビットコインを売る」といいます。

「コインを買う」で、買いたいビットコインの額を入力すると、必要な日本円が自動的に表示されます。たとえば、「1BTC＝10万円」のときに「0・1BTC」と入力すれば「1万円」、「0・01BTC」と入力すれば「1000円」と表示されるので、その金額でよければ「購入する」をクリックします。これでビットコインの購入が完了です。

ウォレットで残高を確認すると、あなたが買った「ビットコイン」が「日本円」と置き換わっていることがわかります。

「コインを買う」のオプションとして、「クレジットカードで買う」方法もあります。現金を入金してからビットコインを買うのではなく、クレジットカードで直接買うわけです。

④コインを売る

ビットコインの売買に関するメニューです。あなたが買ったビットコインは、あなたのパソコンやスマホにダウンロードされるのではなく、コインチェックのサーバーに置いてあります。将来の値上げに備えてそのままずっと持っていてもいいですし、現金化したくなったら売ることもできます。

「コインを売る」画面で、売りたいビットコインの額を入力すると、売却代金の日本円が自動的に表示されるので、その金額でよければ「売却する」をクリックします。これでビットコインの売却が完了です。

ウォレットで残高を確認すると、あなたが売った「ビットコイン」が「日本円」に置き換わっていることがわかります。売却代金はそのままプールしておいてもいいですし、現金化したければ、②の「出金する」メニューに進んでください。

⑤コインを送る

ビットコインの送金と支払いに関するメニューです。自分が持っているビットコインを誰かに送ったり、お店で支払ったりするときは、「コインを送る」のメニューを開きます。つまり、送金も支払いも操作としては同じで、たとえばXさんに0・1BTC送りたいときは、Xさんから送り先のアドレスを教えてもらって、そのアドレス宛に0・1BTCを送るだけです。

ビットコインを送るには、送る相手が指定したビットコインアドレス宛に送る方法と、相手のメールアドレス宛に送る方法があります。ビットコインアドレスというのは、たとえば「1AavpCP7jHKFYXb7NP9p5naf1FQ1SZ7Zxw」のような、27〜34ケタのランダムな文字列です。ビットコイン専用のメールアドレスのようなものだと考えてください。普通のメールアドレスと違うのは、送るたびに毎回別々のアドレスが発行されるところです。

ビットコインアドレスはQRコードで読み込むことができます。お店やオンラインショップで支払うときも、お店が発行するQRコードをスマホで読み込めば、いちいちビットコインアドレスを入力しなくてもいいので便利です。

⑥コインを受け取る

自分からビットコインを送るだけでなく、誰かが送ってくれたビットコインを受け取ることもできます。何かを売った代金としてビットコインを受け取ったり、銀行振込などの代わりに送ってもらったビットコインを受け取ったりするシーンが考えられます。

「コインを受け取る」のメニューを開くと、入金用のビットコインアドレスが表示されるので、それを送ってくれる相手に知らせます。QRコードも自動で取得できるので、それを相手に教えれば、アドレスを入力する手間が省けます。

ビットコインを送ったり受け取ったりしたら、ウォレットで残高を確認しておきましょう。

ビットコインの使い方の説明は以上です。「仮想通貨」と聞くとむずかしい感じがするかもしれませんが、実際に使ってもらえば、ビックリするほど簡単だとわかってもらえるはずです。

図6 ビットコインの取引の概念図

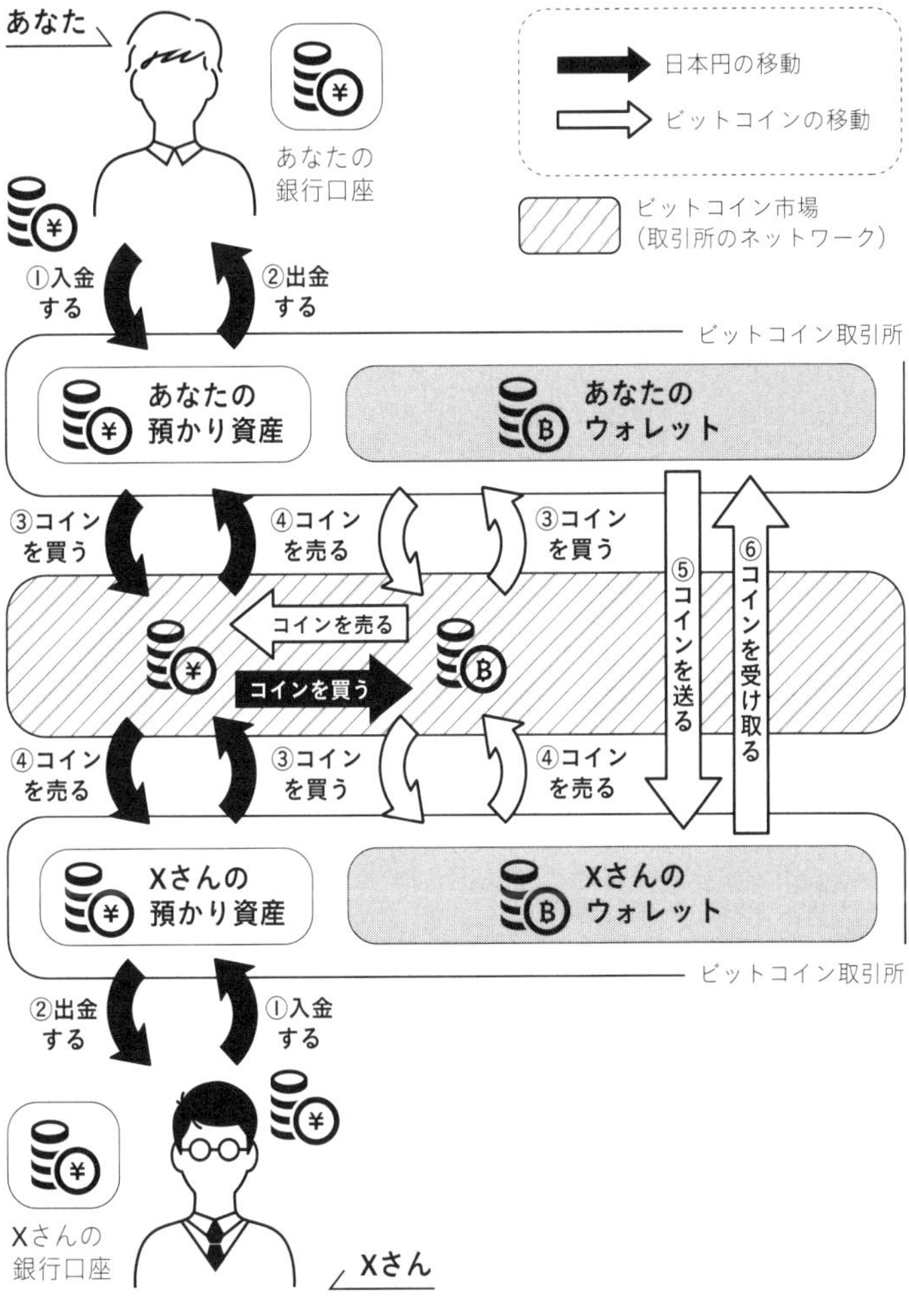

日本円の移動
ビットコインの移動
ビットコイン市場（取引所のネットワーク）
あなた
あなたの銀行口座
①入金する
②出金する
ビットコイン取引所
あなたの預かり資産
あなたのウォレット
③コインを買う
④コインを売る
③コインを買う
コインを売る
コインを買う
⑤コインを送る
⑥コインを受け取る
④コインを売る
③コインを買う
④コインを売る
Xさんの預かり資産
Xさんのウォレット
ビットコイン取引所
②出金する
①入金する
Xさんの銀行口座
Xさん

ここまでの説明をまとめたのが、前ページの図6です。お金の移動とビットコインの移動を分けて考えると、理解しやすいかもしれません。

ざっと概要をつかんでいただいたところで、次からはいよいよ中身の説明に入ります。ビットコインとはいったい何なのでしょうか。

PART 1

ビットコインって何なの？

ビットコインは
現金と
どう違うの？

ビットコインは実体を持たないバーチャルなお金で（仮想通貨）、電子データにすぎず（デジタル通貨）、特定の国に属さず（国際通貨）、参加者みんなで運用し（分散型通貨）、暗号を解く「鍵」がなければ送金できません（暗号通貨）。

ビットコインは「仮想通貨」や「暗号通貨」の一つといわれています。ただ、そうしたくくり方は、ビットコインが持つ一面を表すにすぎません。

ビットコインは、アナログの現金とは異なる「デジタル通貨」であり、特定の国に属さず、世界中で通用する「国際通貨」でもあり、誰かが一元管理するのではなく、世界中の人たちの手で運用される「分散型通貨」でもあります。

それぞれどんな意味なのでしょうか。現金や預金との違いを明らかにしながら説明してみましょう。

実体を持たない「バーチャルなお金」

現金と聞いて最初に思い浮かぶのは、福沢諭吉の一万円札や、百円玉や五百円玉などでしょうか。日本の「円」や米国の「ドル」は、リアルな紙幣やコインとして手で触ることができ、財布に入れて持ち運ぶこともできます。

一方、「仮想通貨」であるビットコインは、実体を持たないバーチャルなお金なので、手で触ることはできません。しかし、「ウォレット」と呼ばれる専用の財布に入れて持ち歩くことができます。実は「ウォレット」もバーチャルな財布なのですが、スマホやパソコンに「ウォレット」のアプリを入れておけば、いつでもどこでも使うことができます。

スマホを紛失すると「ウォレット」ごと盗まれる可能性もゼロとはいえませんが、今は指紋などの生体認証付きのスマホが主流です。また、紛失したときに、スマホのデータを消去できる仕組みもあるので、現金入りの財布を持ち歩くより安全といえるかもしれません。

ちなみに、ビットコインそのものはスマホにダウンロードされているわけではなく、クラウド上に保管してあるので、スマホのデータを完全に消去しても、ビットコインが失われる心配はありません。別のスマホやパソコンからログインし直せば、ちゃんと残っているから大丈夫です。

持ち運び自由の「電子データ」

現金は、銀行に預けることもできます。みなさんが銀行に預けた現金は、一万円札や千円札のまま銀行の金庫に保管されているわけではなく、他の人に貸し出されたり、運用に回されたりして、リアルタイムで姿を変えていきます。そう考えると、預金通帳に記載された金額は帳簿上の数字、つまり電子データにすぎないわけです。

銀行預金は自由に引き出すことができます。ATMで引き出してはじめて、電子データはリアルな現金に姿を変えます。その意味で、銀行預金は、現金というよりも、デジタル通貨に近いものがあります。

「Suica」や「nanaco」などの電子マネーの普及によって、現金を持たない主義の人も増えています。小銭がジャラジャラあると財布が膨らんでかさばるし、札束を持ち歩くのも物騒だと考える人もいるからです。

「デジタル通貨」でもあるビットコインは、電子データにすぎないので、どれだけ金額が大きくなっても、逆にいくら細かい金額に分けても、手間は同じで、かさばる心配もありません。1円単位の支払いから、財力がある人なら数百、数千万円単位の支払いまで、すべて同じ「ウォレット」を通じて行うことができます。

ただし、ビットコインをそのまま一般の銀行に預けることはできません。先ほどもいいましたが、みなさんが手に入れたビットコインは、自分のスマホやパソコンにダウンロードされるわけではなく、取引所が用意したクラウド上に預けっぱなしになっています。株を買っても株券の現物をもらうわけではなく、証券会社に預けたまま、売買の指示を出して実際の取引を代行してもらうように（現在はデジタル化されて現物の株券そのものが希少ですが）、ビットコインの取引でも、みなさんはアプリで指示を出すだけです。実際の送金は、ビットコイン取引所などが行います。

特定の国に属さない「国際通貨」

日本国内では「円」ですべての支払いが行われ、米国内では「ドル」ですべての用事が済むように、各国の通貨はその通貨を発行する国と切っても切れない関係にあります。日本銀行や米国のＦＲＢ（連邦準備制度理事会）、欧州のＥＣＢ（欧州中央銀行）など、各国の中央銀行は通貨を発行し、発行済みの通貨の量（マネーサプライ）をコントロールすることで、金利や景気に影響を与えています。

ビットコインは、どこか特定の国や中央銀行に当たる組織が発行しているわけではありません。国によるコントロールを受けないので、世界中どこでも同じように使うことができます（その国に受け入れ体制ができていれば、の話ですが）。その意味で、真の「国際通貨」といえるでしょう。

「民主的な運用」と「分散型ネットワーク」

特定の国が発行・管理していないビットコインは、その代わりに、ネットワークに参加している人たちが主体となり、自分たちの手で運用しています。世界中の至るところで1日24時間、365日行われている取引を、参加メンバーがお互いに承認し合うことで、「取引の正しさ」を担保しているのです。

それを支えるのは、「P2P（Peer to Peer）ネットワーク」による分散処理システムです。くわしい仕組みは127ページで解説しますが、中央のサーバーで集中処理するのではなく、ネットワークにつながれたコンピューターが取引の正しさを承認するために、世界中で稼働しています。

誰かが一元的に管理するのではなく、メンバー相互の承認によって運用されているので、きわめて「民主的な通貨」ともいえるし、中央集権型のクライアント・サーバー方式とは正反対の「分散型通貨」ともいえるのです。

ビットコインは「暗号署名入り」

現金を所有することはできますが、ある特定の「一万円札」の持ち主が自分だと名乗ることはできません。お札に所有者の名前が書いてあるわけではなく、この一万円札もあの一万円札も誰のものでもないからです。

たまたま手にしたその人が一時的に「1万円という価値」を所有しているにすぎないので、もしその一万円札を誰かに盗まれ、どこかで使われてしまっても、「この一万円札は私のだから返して」という理屈は通じません。

また、自分で働いて得た1万円も、投資で儲けた1万円も、ギャンブルで買った1万円も、盗んだ1万円も、すべて同じ1万円であって、そこに違いはありません。「現金に色はない」のです。

「暗号通貨」であるビットコインも「名無しの権兵衛」であるところまでは同じですが、「電子署名」という暗号技術によって、現在の所有者に無断で送金できないようになっています（177ページ参照）。Aさんが所有するこの1ビットコインは、Aさんの許可なく、勝手にBさんのものにすることはできません。

それだけではありません。ビットコインには、過去のすべての所有者の名前が記録されています。このビットコインは最初はAさんの手元にあり、次にBさんの手に渡り……、現在はXさんのものである、という所有者の遍歴がわかるようになっているのです。そのため、ビットコインがどういう取引を経由して現在に至ったのか、必要があれば、後からさかのぼって確認することができます。

このような性質があるため、実は、ビットコインをはじめとする仮想通貨は、マネーロンダリングのような不正操作には悪用されにくいことは、意外と知られていません（178ページ参照）。

ビットコインはクレジットカードとどう違うの？

「VISA」や「マスターカード」などのカード会社はみなさんの代わりに一時的に支払いを立て替えてくれる存在で、カード残高は借金と同じです。ビットコインは通貨そのものなので、支払いが承認された瞬間、決済が完了します。

ビットコインは、以前からあった支払い手段と似た面もあれば、違う面もあります。別のサービスと比べることで、何ができて、何ができないかを明らかにしてみましょう。

仮想通貨であるビットコインは、日本円や米ドルと同じ「決済通貨」でもあるので、買い物や食事での支払いにも利用できます。米国西海岸のサンフランシスコやシリコンバレー、東海岸のニューヨークでは、ビットコインを使えるお店がかなりあり、また日本国内でも利用シーンがどんどん拡大しています。

クレジットカード社会といわれる米国でも、ビットコインの利用が広がっているのはなぜでしょうか。クレジットカードとビットコインの違いを明らかにしながら、その理由を考えてみましょう。

クレジットカード残高は借金と同じ

「VISA」や「マスターカード」などのクレジットカード会社は、みなさんの代わりに一時的に支払いを立て替えてくれる存在です。つまり、利用者にとってカード残高は借金と同じです。

「クレジット」の本来の意味からもわかるように、クレジットカード会社は利用者を「信用」して代金を立て替えています。しかし、無制限に信用するわけにはいかないので、カードのグレードや個人の支払い能力などに応じて、利用限度額という上限を設けています。毎月その範囲内なら自由に使っていいわけです。

ビットコインでの支払いは通貨の移動そのものなので、立て替え払いのように一時的に借金するわけではありません。決済での利用に関しては「信用」貸しはないということです（ビットコインそのものを売買するときは、現物がなくてもビットコインを借りて、レバレッジ取引をすることができます）。

ビットコインには「信用」の枠がないため、ウォレットに入っている金額以上のビットコインを支払うことはできません。財布に千円札が1枚しか入っていないのに、2000円のものは買えないのと同じです。

クレジットカードと似たようなものに、デビットカードがあります。デビットカード払いでは、支払った瞬間、銀行預金からその代金が引かれるので、カード会社が一時的に立て替えるわけではありません。デビットカードは銀行預金残高の枠内でしか支払いができないところも、ビットコインと同じです。

手数料が1%程度で割安に

では、支払いを受けるお店側にとって、クレジットカード決済と、ビットコイン決済の違いは何でしょうか。それはずばりコストです。

みなさんがお店でクレジットカードを提示すると、レジ端末などでカードを読み取り、取引記録（トランザクション）がクレジットカード会社に送られます。クレジットカード会社は、締め日になると、みなさんに代わってお店に代金を支払い、後日、みなさんからまとめて代金を回収します。クレジットカード会社が受け取る手数料は、加盟店の業種や規模によって異なり、支払い額の2〜10%程度とされています。それに加えて、専用のカードリーダーを用意しなければなりません。

レストランやバーでの飲食代1万円をカード払いした場合、最終的にお店が受け取る金額は、手数料を5%とすると、9500円になります。

ビットコインによる支払いでは、利用者がお店に直接ビットコインを送ることもできますが（直接やりとりする場合の手数料はゼロ）、決済代行会社をあいだにはさむやり方が一般的です。その場合でも、初期コストは無料で、手数料は1％程度と割安です。

1万円の支払いなら、手数料1％分を引いても、9900円受け取れます。クレジットカードと比べて400円も手取りが多くなる計算です。わずか数百円の違いでも、積もり積もればかなりの金額になります。

利用者が指定されたアドレスにビットコインを送金し、10～30分程度で取引が承認されると、決済が完了します（なぜ時間がかかるかは122ページ参照）。

私たちも「コインチェックペイメント」（https://coincheck.com/ja/payment）というサービスを提供しています。iPhoneやiPad、スマホ、パソコンとWi-Fiがあれば、無料アプリをダウンロードするだけで簡単に導入できます。ECサイトの場合はコードを貼るだけです。初期コストはゼロ、基本利用料も無料で、利用者がビットコインで支払った金額の1％だけ決済手数料がかかります。

利用者はビットコインで支払い、お店は最短で翌営業日に日本円で代金を受け取ることができます。クレジットカードのように月末まで待つ必要がないため、資金繰り的には楽になるはずです。

クレジットカードの決済手段はさまざま

導入コストの安さも、ビットコインの魅力を後押ししています。

スマホやタブレット端末のイヤホンジャックにカードリーダーを挿し込むだけで、クレジットカード決済ができる「スクエア（SQUARE）」は、手軽さと利用料の安さからとくに米国で人気が高く、個人商店でも導入が進んでいます。

手数料は一律3・25％（日本国内）で、初期コストは4980円のカードリーダー代のみです。従来の専用リーダーと比べると格安ではじめられることから一気にブレイクしましたが、初期費用ゼロ、手数料1％程度のビットコインにはかないません。

スクエア自体がいわゆる「通貨」を発行しているわけではなく、あくまでクレジットカード決済を代行しているだけなので、その意味では、ECサイトのオンライン決済で幅広く利用されている「ペイパル（PayPal）」などと同じカテゴリーに分類できそうです。

2016年から日本でも利用可能になった「アップルペイ（Apple Pay）」やグーグルの「アンドロイドペイ（Android Pay）」は、国内でしか通用しない日本の電子マネーとは異なり、世界中で利用できるモバイル決済サービスです。しかし、これらのサービスもクレジットカードを登録して使う仕組みなので、お金そのものであるビットコインとは違うものです。

カード情報を抜き取られる心配はない

クレジットカードはさまざまなシーンで使えるので便利ですが、あやしげなお店で利用すると、場合によってはカード情報を抜き取られて、不正に利用されるかもしれません。インターネットでクレジットカードを使うのは不安だという人が多いのも、フィッシング詐欺などでカード情報を悪用されるかもしれないと感じているからです。

ビットコインによる支払いでは、そもそも物理的なカードがなく、自分から相手が指定するアドレスにビットコインを送金するだけなので、ウォレットＩＤなどの情報を相手に渡すわけではありません。また、電子署名という暗号で守られているので、送金中のビットコインが別の人に盗まれる心配もありません（１７２ページ参照）。

料金を支払ったのに商品が届かないといった詐欺にあう可能性はないとは言いきれませ

んが、それはクレジットカード払いでも同じことです。

ビットコインは電子マネーとどう違うの？

電子マネーは非接触型ICカードでの利用が大半ですが、ビットコインには物理的なカードがありません。ビットコインの単位は「BTC」ですが、電子マネーの単位はあくまで「円」。円やドルの代替手段にすぎません。

電車やバスでの移動で「Suica」や「PASMO」など交通系電子マネーを使っている人は多いと思いますが、日常的な支払いの場面でも、セブン&アイの「nanaco」やイオンの「WAON」をはじめとした電子マネーの利用が進んでいます。

レストランやショッピングなど、数千〜数万円の支払いではクレジットカードを利用するという人でも、コンビニでの支払いや毎日のランチ代など、数百円程度の支払いでは電子マネーを使うという人が増えているのではないでしょうか。

電子マネーは、細かくいうと「先払い（プリペイド）方式」と「ポストペイド（後払い）方式」に分けられますが、どちらにしても「電子マネー」というくらいですから、「デジタルなお金」であることには違いありません。では、「デジタル通貨」であるビットコインと、「デジタルなお金」である電子マネーはどう違うのでしょうか。

物理的なカードがない

いちばんわかりやすい違いは、ICカードがあるかどうかです。スマホや携帯電話で使う「モバイルSuica」よりも物理的なカードの「Suica」を持つ人が多いように、電子マネーは非接触型ＩＣカードとセットで普及しています。お店のレジ横や食券購入機に設置された端末に、ＩＣカードをかざして支払います。

ビットコインには物理的なカードはありません。取引所が用意した「ウォレット」のアプリをスマホに入れて使います。つまり、お店がウォレットアプリに会計額を入力して「アドレス」を取得、そのアドレス宛にみなさんがビットコインを送金すれば、支払い完了です。アドレスをＱＲコードでやりとりすれば、手持ちのスマホでＱＲコードを読み取るだけでいいので、操作自体は簡単です。「おサイフケータイ」や「Apple Pay」のように、スマホを端末にかざす必要もありません。

国境がない

日本国内にいる限り、電子マネーとクレジットカードがあれば、たいていの支払いはできますが、海外へ行くと、日本の電子マネーはまず使えません。

しかし、もともと国が管理していないビットコインには国境がないので、サンフランシスコやニューヨークでも、日本国内にいるときと同じように利用できます。むしろ、ビットコインを実店舗で使うチャンスは、米国西海岸や東海岸のほうがずっと多いといえるでしょう。

また、国内にいても、オンラインショッピングやネットサービスなど、インターネットを通じた支払いでは、徐々にビットコインを利用できるECサイトが増えています。

単位が「円」なのか、「BTC」なのか

さらに、本質的な違いは、ビットコインは独立した「通貨」であるということです。ビットコインの単位は「BTC」ですが、「Suica」や「nanaco」の単位はあくまで「円」。つまり、電子マネーというのは「円」や「ドル」の代替手段にすぎません。それに対して、ビットコインは円やドルと交換可能なお金そのものです。そこが、電子マネーやクレジットカードと根本的に違います。

また、電子マネーはJR東日本（Suica）、セブン&アイ（nanaco）、イオン（WAON）など、特定の企業が発行しています。ビットコインには中心的な発行体がなく、参加メンバーによる民主的な運営に委ねられているので、そこも大きな違いです。

ビットコインは ポイントや ゲーム内通貨と どう違うの？

ビットコインは、実態のない支払い手段としては「Tカード」などのポイントカード、ゲーム内だけで使えるゲーム内通貨と似ていますが、ポイントを他人に譲渡したり、売り買いしたりすることは規約で禁じられています。

「Tカード」「Pontaカード」などのポイントカード、航空会社がフライトの距離に応じて付与するマイレージサービスにも、仮想通貨であるビットコインとよく似た特徴があります。

支払いごとに一定の割合（0・5〜1％程度）で貯まる「ポイント」は、たとえば「1ポイント＝1円」でカウントされ、同じ店舗（同一チェーンや提携企業を含む）での支払いに充てることができます。

ポイントを発行する企業からすると、ポイント会員をリピーターとして囲い込んだり、利用状況をチェックしてマーケティングに活用したりすることができます。「Tポイント」のような共通ポイントは、TSUTAYAやYahoo!ショッピング、ソフトバンク、ファミリーマート、ドトールコーヒーなど、さまざまなシーンで利用できるので便利です。

また、オンライン通販の「Amazonポイント」や「楽天ポイント」も、扱っている商品が多岐にわたるため、決済通貨としての使い勝手は、まだ利用店舗が限られているビットコインの上をいきます。しかし、あくまで支払い額に応じて貯まるポイントなので、使える金額にはおのずと上限があります。

ポイントは他人への譲渡や売買が禁止されている

ビットコインは、実体のない支払い手段としてはポイントカードと似ていますが、理屈のうえでは、利用先が特定の店舗（チェーンや提携企業）に限定されるわけではありません。また、ビットコインは、それ自体を売り買いすることもできるし、他人に譲渡することもできますが、ポイントカードは会員規約などでポイントの売買や他人への譲渡が禁じられているケースがほとんどです。

貯まったポイントを現金と交換できるサービスもあります。しかし、その場合も「1ポイント＝1円」「100ポイント＝85円」のように、交換レートは固定されています。一方、仮想通貨であるビットコインでは、現金との交換レート（つまり売買価格）は常に変動しています。

ビットコインはゲーム内通貨の発展系

ＭＭＯＲＰＧ（大規模多人数同時参加型オンラインＲＰＧ）をはじめとするオンラインゲームやスマホアプリなどでアイテムを購入したり、キャラクターを強化したりするのに使う「ゲーム内通貨」も、ビットコインとよく似た特徴を持っています。

ポイントカードのポイントやマイレージは、支払い額やサービスの利用度に応じて付与されますが、ゲーム内通貨はゲームの到達度に応じてもらえるだけでなく、お金を払って買うことができます。また、利用規約ではたいてい禁じられているものの、入手が困難なレアアイテム、強化済みのキャラクターやアカウント、さらにはゲーム内通貨そのものを現金で売買するＲＭＴ（リアルマネートレード）市場も立ち上がっています。

ビットコインも元をたどれば、オンラインコミュニティ内だけで通じる「おもちゃのコイン」のようなものにすぎず、それがリアル世界のモノ（最初の取引はピザでした。116ページ参照）と交換可能になってはじめて「お金」としての価値を持ちました。

その意味で、ビットコインはゲーム内通貨の発展形といえなくもありません。

ただし、ゲーム内通貨は、そのゲームを運営する企業が発行・管理しているのに対して、ビットコインは特定の企業や国によって発行されるわけではなく、参加メンバー全員による民主的な運営によるところが大きく異なります。

ビットコインは どうやって 手に入れるの？

ビットコインの入手方法は次の三つです。①外貨を買うのと同じように自分で買う、②（現金払いや銀行振込の代わりに）誰かからビットコインを送ってもらう、③新しくビットコインを掘り当てる（マイニング）。

仮想通貨はおもしろそうだし、せっかくだから使ってみたいというみなさんに、最初におすすめするのは、やはり最大の取引量を誇るビットコインです。

実は、「仮想通貨」や「暗号通貨」と呼ばれるビットコインのライバルはすでに数百種類が出回っていて、ほとんど扱われていないもの（流動性が低いと、買っても換金できない可能性があります）や、中には詐欺まがいのものまであり、はっきりいって玉石混交の世界です。

しかし、一般のみなさんの目に触れるのは、日本の仮想通貨取引所が扱っているものが中心になるはずなので、数種類から多くても10種類くらい。その中でも圧倒的な知名度と取引量、扱っている取引所の数、流動性（換金しやすさ）、法整備などのルール面での安全性を誇るのが、ビットコインです。

では、ビットコインはどこで、どうやって手に入れることができるのでしょうか。

ビットコインを入手する方法は、大きく分けて三つあります。①自分で買う、②誰かからもらう、③自分で掘り当てる、です。それぞれくわしく見てみましょう。

外貨を買うようにビットコインを買う

まず、ビットコインは通貨とほぼ同じですから、他の外貨と同じように自分で買うことができます。海外旅行に行くとき、日本円を支払って米ドルやユーロに両替するのと同じです。一見、外貨を交換しているだけのようですが、両替というのは円でドルを買っているわけです。逆もまたしかりです。

円を払ってビットコインを手に入れることを「ビットコインを買う」といい、ビットコインを払って円を手に入れることを「ビットコインを売る」といいます。たとえば、レートが「1BTC＝10万円」のときは、1万円出せば0・1BTC買えます。逆に、0・1BTCを売って換金すれば1万円が手に入る計算です。日本の仮想通貨取引所では、一般的に0・01BTC、約1000円から買うことができます。

こうした売買は、ビットコインを取り扱っている仮想通貨取引所を通じて行います。「取引所」といっても、銀行の窓口のようなものはなく、すべてオンラインで完結しているので、パソコン経由でネット接続するか、スマホのアプリの操作で購入します。イメージとしては、オンラインFX（外国為替証拠金取引）で、ドルやユーロを買うのと同じ感覚です。これが最も一般的な入手方法といえるでしょう。

具体的な購入方法については、本書の冒頭で説明しました。まったくの初心者の方でも簡単な操作だけで買うことができます。

複数の人からの集金はビットコインが便利

二つめの入手方法は、誰かからビットコインをもらうことです。もらうといっても、ビットコインは手で触れることができないので、アプリを通じて誰かに送ってもらい、それを受け取ることになります。

ただでお金をくれる人はあまりいないかもしれませんが、たとえば、飲み会やイベントの会費を集めるとき、メンバー全員がビットコインのウォレットを持っていれば、アプリの操作で簡単に送ってもらうことができるので、当日に現金を持ってきてもらうよりも便利です。

会費を現金で集めると、幹事がお釣りを用意する必要があったり、遅れて参加した人から取り忘れる心配があったりしますが、ビットコインなら端数があってもすぐに集金できますし、未集金の人もひと目でわかります。レストランで割り勘にするときも、10円玉をジャラジャラさせることなく、スマートに集金できるのが魅力です。

送金手数料が破格に安い

離れた人同士がお金をやりとりするときは、現金書留郵便や銀行振込を利用するのが一般的ですが、郵便局やATMに足を運ぶ必要があり（オンラインバンキングは除く）、手数料もそれなりにかかります。ビットコインなら送金手数料がきわめて安く（送金額にかかわらず約10円程度）、簡単なアプリの操作だけで24時間いつでも送ることができるので、これからは仕送りなどもビットコインで受け取る機会が増えるかもしれません。

特に国をまたいだ国際送金は手数料がバカにならないので、外国の人とのお金のやりとりでビットコインを受け取るケースが増えることが予想されます（海外送金については78ページ参照）。

お店をやっている人は、支払い手段にビットコインを加えると、代金をビットコインで受け取ることになります。クレジットカードと比べて手数料が安く、入金確認後すぐに現金化できるので、資金繰りの面でも有利です。また、ビットコインの価格が変動しても、日本円の価格を保証してくれるサービスもあります。たとえば、500円のビールをビットコインで売った場合、その後のビットコイン価格にかかわらず、売上500円は保証され、手数料として売上の1%を支払えばよいというサービスです。

さらに、買い物をするとポイントカードにポイントが貯まるように、ビットコインをポイント代わりに付与するサービスが出てきています。最近では、電気代をクレジットカードで支払うだけでビットコインがポイントのように還元されるサービスもあります。たとえば「Coincheckでんき（http://www.denki.coincheck.com）」では、毎月の電気代の支払いに対して4〜6%のビットコインを毎月自動的に受け取ることができます。

このように、ひと口にビットコインを「受け取る」といっても、さまざまな場面が想定されるのです。

ビットコインを受け取る方法は簡単です。専用アプリやウェブサイトでビットコインアドレスを取得し、送り手に知らせるだけ。やり方は本書の冒頭で説明したとおりです（24ページ参照）。

マイニングで新しいビットコインを掘り当てる

三つめは、ビットコインを新しく掘り当てる「マイニング（採掘）」です。ビットコインは参加メンバーがお互いに承認し合うことによって運営されていますが、この承認作業を「マイニング」と呼んでいます。

くわしい仕組みはあらためて説明しますが（128ページ参照）、世界中で行われる取引を承認するだけでも膨大なマシンパワーが必要です。そのため、コストと時間をかけて承認レース（10分ごとに「ヨーイ、ドン！」でマイニング競争が繰り広げられています）に参加し、見事1着になった人には、報酬としてビットコインが支払われることになっているのです。

ビットコインは国や中央銀行のような発行体を持たないと述べましたが、10分ごとに繰り広げられるマイニング競争の勝者に対して、一定のビットコインを新規発行することが最初から決められているのです。

お互いに承認する作業をボランティア頼みにしてしまうと、やがて誰もやらなくなってしまうので、運営に積極的に参加してくれた人にはきちんと報酬が与えられるインセンティブ設計になっているわけです。

ちなみに、現在のマイニングの報酬は1回当たり「12・5ＢＴＣ」です。「1ＢＴＣ＝10万円」とすると125万円。これだけの金額がかかっているので、レースの参加者はみんな本気です。

ビットコインがまだ生まれたばかりで、少人数でやりとりしていたときは、個人のパソコンでもレースに参加することができましたが、いまは承認作業がきわめて複雑になり、膨大なマシンパワーと電力が必要になっているので、とても一個人が参戦できるレベルではありません。

しかし、わざわざ新規に掘り出さなくても、すでに大量のビットコインが流通していますから、みなさんは、すでに市場に出回っているビットコインを買うのが手っ取り早い入手方法といえるでしょう。

ビットコインを使うメリットは？

①投資対象として

ボラティリティ（変動幅の比率）が大きく、将来的な成長が見込めるビットコインは、投資対象として魅力があります。手続きも簡単で、オンラインＦＸと同じような手軽さでビットコイン投資をはじめることができます。

そもそも、なぜ人はビットコインを使うようになったのでしょうか。

一般の人がビットコインを使うメリットは、現状では大きく分けて二つあります。一つは投資対象として、もう一つは割安な海外送金の手段としての利用です。

ここでは、投資対象としてのビットコインについて見てみましょう。

為替リスクの回避先として

ビットコインが普及するには、歴史的にいくつか重要な出来事がありましたが、そのうちの一つが、2015年6月のギリシャのデフォルト（債務不履行）危機でした。通貨というのは「信用」で成り立っていますから（102ページ参照）、国の信用が失われ、通貨が暴落するのではないかという不安が広がると、より安定した外国の通貨が買われます。

リスクを回避するための「避難先」として、以前は「有事のドル買い」が有名でしたが、最近は安定資産としての「円」が買われる傾向があります。それと同じように、ギリシャのデフォルト危機のときに競って買われたのがビットコインだったのです。

国が信用不安に陥ったときに、特定の国とは切り離された仮想通貨を買いに走るのは、人間に共通した心理かもしれません。２０１６年にリオ・オリンピックが開催される前のブラジルでも、通貨のレアルが暴落してビットコインの取引高が増えました。

これが10年前だったら、おそらくビットコインが買われることはなかったはずです。しかし、２００８年にリーマンショックが起きて、既存の考え方や金融システムに対する信頼がいったん地に落ち、安全だと思われてきたものが安全でないとわかったとき、生まれたばかりのデジタルのお金は多少リスクがあるかもしれないけれど、自分が保有する資産のうちの数％くらいはリスク資産に分散投資しておこう、という発想が広がってきたのではないかと思います。

ポートフォリオのうちの何割かは日本円を持ちつつ、株や投資信託、米ドルなどに分散投資する選択肢の一つとして、ビットコインをはじめとする仮想通貨の存在がクローズアップされてきたわけです。

ビットコイン投資とは

ビットコインは、円やドル、あるいは株と同じように、売ったり（ビットコインを支払って円やドルを手に入れる)、買ったり(円やドルを支払ってビットコインを手に入れる)することができます。

ビットコインの売買は、「いくらで売りたい」という人と、「いくらで買いたい」という人がうまくマッチすれば取引が成立する「相対取引《あいたい》」です。ビットコインを売りたい人と買いたい人を結びつけるのが「ビットコイン取引所」です。

「ビットコイン取引所」は取引を仲介するだけで、プライス(価格)を決めるのは、あくまでマーケットに参加しているみなさんです。といっても、現実には、他の人たちがいくらで売り買いしているか、現在の取引レートがリアルタイムで表示されるので、それに沿った価格で売買することになります。

ビットコイン価格は常に変動しているので、下がったときに買って上がったときに売れば、その差額が儲けになるのは、他のあらゆる投資と同じです。

短期的に見れば、ビットコイン相場は円ドル相場などと比べて値動きが激しく、先読みしにくいかもしれませんが(ビットコイン価格がなぜ上下するかについては66ページ参照)、長期的に見れば、ビットコイン市場そのものがまだまだ成長途上なので、将来的な値上がりが期待できます。

センターマーケットがないナスダック方式

取引所と名前がついていますが、ビットコインには、「東京証券取引所」「ニューヨーク証券取引所」のようなリアルなセンターマーケットはありません。イメージとしては、マーケット参加者同士をネットワークで結んで売買している米国の「ナスダック」市場に近く、証券会社に当たる「ビットコイン取引所」同士のネットワークを通じて、ビットコイン価格（取引レート）がリアルタイムで決まっていきます（国内の主なビットコイン取引所の一覧は18ページ図5参照）。

ただ、実際には、ビットコイン売買の8、9割を握るとされる中国市場の影響が圧倒的です。中国最大、ということは世界最大のビットコイン取引所である「Huobi」や「ＯＫコイン」などにおける人民元とビットコインの取引レートの推移を先行指標として、国内のビットコイン価格が決まっていきます。

レバレッジ取引もできる

ビットコイン投資にいちばん似ているのは、個人が気軽にドルやユーロを売買できるオンラインFXです。ビットコイン投資でも、FXと同じく、預かり金を「証拠金」として、その何倍かの資金を借り入れ、取引を行うことができます。たとえば、レバレッジ（証拠金倍率）が最大5倍までなら、1万円を証拠金として入金すれば、最大5万円分のビットコインの取引が行えるということです。

FXの場合、2008年のリーマンショックでレバレッジ規制がかかる前は、レバレッジ数百倍が当たり前で、400倍というFX会社も珍しくありませんでした。100万円の自己資金で4億円の取引ができるとあって、空前のFXブームが起きましたが、その分、相場が意に反して急落（または暴騰）したときに被る損失も甚大です。そのため、現在はレバレッジは最大25倍までというルールが定められています。

ビットコイン業界はそのあたりの経緯を学んでいるので、健全な業界をつくるために様子を見ながら、自社のレバレッジの倍率を決めています。

ビットコイン価格はどうやって決まるの？

買いたい人と売りたい人のバランスで価格（取引レート）が決まるのは外国為替と同じですが、ビットコインは、①各国の規制、②開発者コミュニティの動向、③ハッキング、④どこかの国の通貨危機、⑤半減期、の影響も受けます。

前項で述べたように、ビットコインはＦＸなどと同じように投資対象としても魅力があります。では、ビットコインの価格はどうやって決まるのでしょうか。

株式市場や債券市場、外国為替市場など、あらゆる市場がプレイヤー同士の「先読み合戦」によって決まるように、ビットコインの価格もビットコインを売買する人たちの読み合いによって決まります。あくまで先読みなので、経済状況が事前の読み通りに推移している限り、その変化は「織り込み済み」となって、トレンドに大きな変化はありません。価格が上がるトレンドなら上がり続け、下がるトレンドなら下がり続けます。

価格が大きく変化するのは、読みが外れたときです。予想に反して失業率が高かったり、業績が悪化したりすると価格は急落し、逆に予想外にＧＤＰ成長率が上がったり、業績がよかったりすると価格が跳ね上がります。

ドル円相場に大きな影響を与えるのは、米国の雇用統計や、日本のＧＤＰ速報などの基礎的な情報だけではありません。たとえば、ＦＲＢのイエレン議長や、日本銀行の黒田総裁の発言は、政策当局から市場に向けたメッセージですから、市場の動向を読むには必須の情報です。

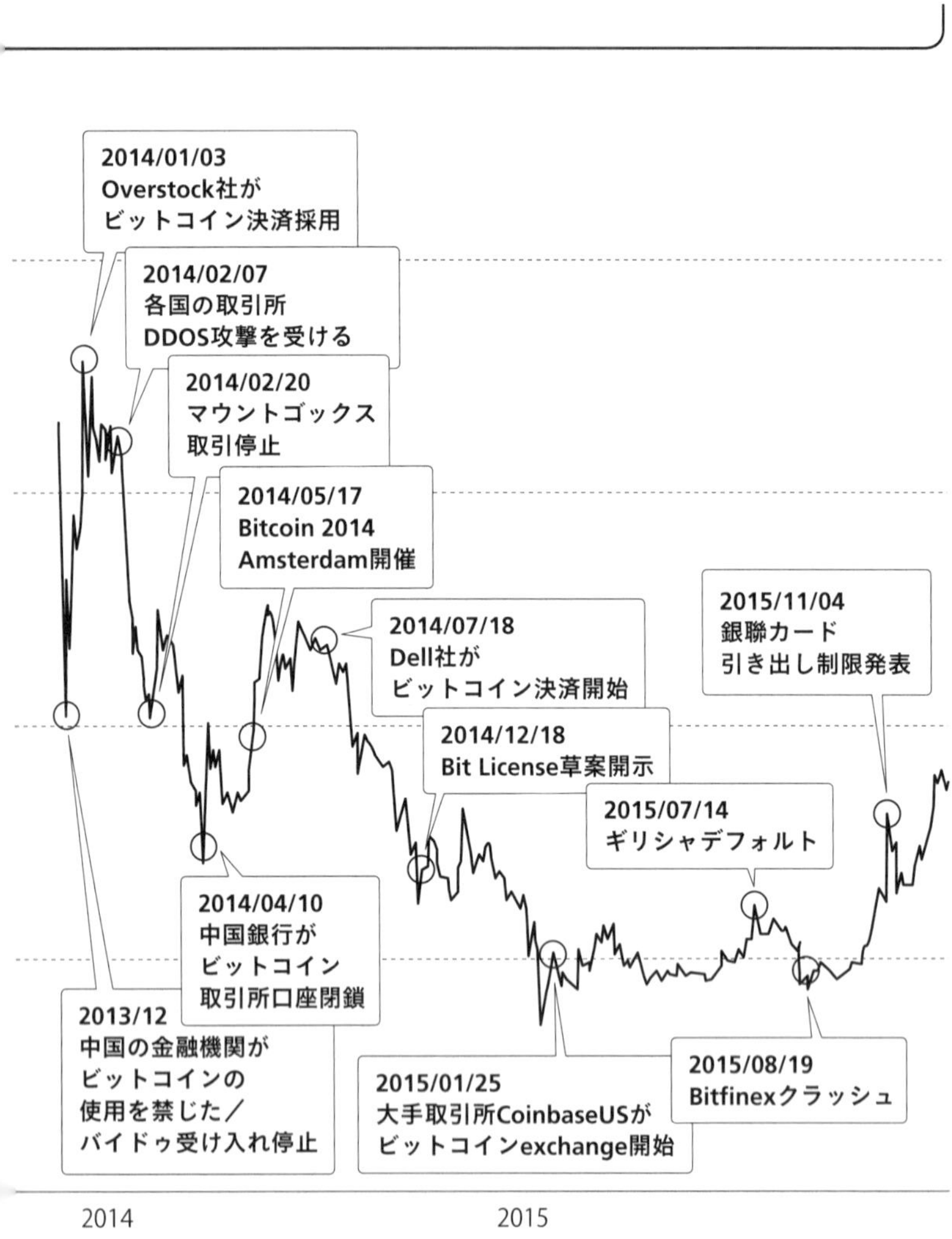
2014/01/03
Overstock社が
ビットコイン決済採用
2014/02/07
各国の取引所
DDOS攻撃を受ける
2014/02/20
マウントゴックス
取引停止
2014/05/17
Bitcoin 2014
Amsterdam開催
2014/07/18
Dell社が
ビットコイン決済開始
2015/11/04
銀聯カード
引き出し制限発表
2014/12/18
Bit License草案開示
2015/07/14
ギリシャデフォルト
2014/04/10
中国銀行が
ビットコイン
取引所口座閉鎖
2013/12
中国の金融機関が
ビットコインの
使用を禁じた／
バイドゥ受け入れ停止
2015/01/25
大手取引所CoinbaseUSが
ビットコインexchange開始
2015/08/19
Bitfinexクラッシュ
2014
2015

図7 2013〜2015年のビットコイン相場振り返り

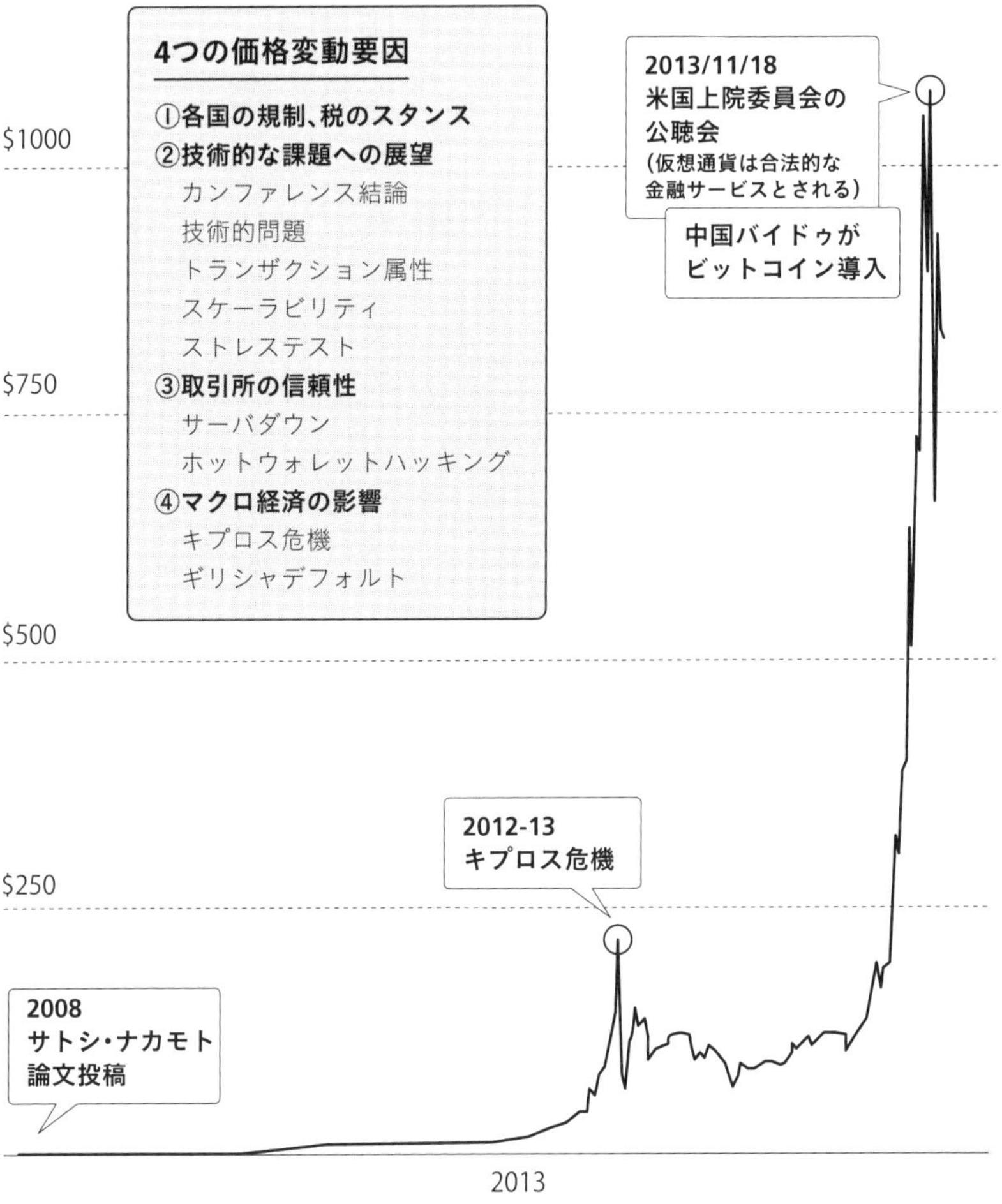

ところが、ビットコインの場合は、中央で管理している組織がありません。そのため、通常の外国為替とは違った要因で動く傾向があります。前ページの図7を見ながら、代表的なものを五つ挙げておきましょう。

各国の規制やルールづくりの影響

ビットコインは特定の国のコントロールを受けないグローバルな通貨ですが、世界中で流通するためには、当然のことながら、各国のルールが適用されます。ビットコインを通貨として認めるか、税金はどうするか、取引に何らかの制限を設けるかなど、ビットコインの取り扱いは国ごとに違うので、新しいローカルルールが発表されると、ビットコイン価格は影響を受けます。

たとえば、2013年11月にFRBのバーナンキ議長（当時）が、それまで非公式な存在だったビットコインを認める発言をしたことで、ビットコイン価格が跳ね上がりました。

各国のルールづくりや法整備の中でも注目されるのは、中国の動向です。ビットコインの取引量が最大で、ビットコインを掘り出すマイナー（採掘者）も多くいる中国で突然、取引が停止されたりすると、価格が暴落する可能性を否定できないからです。

中国の人民元には持ち出し制限があります。外国に行く中国人ならほとんど持っている「銀聯《ぎんれん》カード」は、1日1万元（当時のレート「1元＝19円」で計算すると約19万円）までなら自由に外貨を引き出せるとあって、日本での〝爆買い〟を支えていました。ところが、2015年11月に、銀聯カードで外貨を引き出せるのは年間10万元（約190万円）までと発表されたため、ビットコイン価格が跳ね上がりました。銀聯カードに代わる国外送金のツールとして、ビットコインに注目が集まったわけです。

ただ、中国が外貨持ち出しを制限するのは、ある意味、当然です。国内市場が未成熟なまま、国際的な資金移動を自由化してしまうと、国内の富が国外に流出する心配があるからです。日本でも戦後復興期には外貨持ち出し制限があり、制限枠が撤廃されたのは1978年のことです。

しかし、ビットコインの流通量は増え続け、さまざまな取引に利用されるようになってきたので、そうした法規制上の変動リスクは徐々に小さくなっていくものと思われます。

開発者コミュニティの動向

ビットコインを支えるブロックチェーン技術（120ページ参照）はまだ発展途上で、試行錯誤を続けている最中なので、システム上の欠陥（バグ）も見つかれば、技術的なブレイクスルーも見つかります。決して「枯れた技術」ではないので、新たな技術上の課題が見つかったり、それに対する解決策が決まったりすると、マーケットは敏感に反応します。

ビットコインの関係者がおよそ四半期に一度のペースで集まるビットコイン・カンファレンスでは、運営上のルールづくりや、テクノロジーの動向について議論が交わされていますが、そうしたニュースも価格の変動要因になり得ます。あるいは、二つの流派に分かれて技術的な論争が起きたときに、有名な取引所が「こちらを支持する」と態度を表明すると、それによって価格が動くというケースもあります。

ビットコイン開発の中心にいるコア・デベロッパーと呼ばれる人たちの中には、ビットコインのマイニングも流通も中国に偏っている現状に警鐘を鳴らし、「ビットコインはもう終わった」などとブログに書く人もいます。影響力のある人の発言なだけに、それによってビットコイン価格が急落したこともありました。ビットコインに関しては、どこかの国の中央銀行総裁の発言よりも、開発者のアナウンス効果のほうが大きいかもしれません。

取引所がハッキングされる

もう一つは、事件・事故の影響です。2014年に起きたマウントゴックス事件（166ページ参照）のように、どこかの取引所がハッキングされたというニュースが流れると、マーケットは敏感に反応します。価格がドーンと下がるのは、得てしてこうしたケースです。

FXの経験のある人ならわかると思いますが、レバレッジ5倍なら、20万円の元手（証拠金）で最大100万円分の取引ができます。わずかな資金で大きな取引ができるのが魅力ですが、意に反して価格が急激に変動すると、証拠金が足りなくなる場合があります。期日までに追証《おいしょう》（追加の証拠金）を入金できないと、強制的にロスカットが実施され、それ以上損失が膨らまない仕組みになっています。

しかし、ロスカットが発生するような状況では、取引所にもアクセスが集中しているはずで、負荷に耐えられずに取引所のサーバーがダウンしたりすると大変です。不安心理が広がり、さらなる暴落へ一直線、ということにもなりかねません。みんなが焦って同じ行動を取ろうとすると、かえって破局が現実となってしまうのは、株やＦＸでもよく見られる状況です。

有事の仮想通貨買い

続いて、いわゆるマクロ経済の影響です。２０１３年のキプロスや、２０１５年のギリシャのように、国の財政が破綻し、デフォルトの危機が現実化すると、現地通貨の価値が暴落するので、自分の資産を守りたい人たちがビットコインを買いに走ったりするのです。

自国の通貨を信用できなくなったときに、保有資産を米ドルに切り替えたり、ユーロ圏で債務危機が起きたときに、比較的安全だと見られている日本円に買いが集中し、「有事の円買い」が起きるように、どこかの国で経済の先行きが不透明になったとき、ビットコインをはじめとした仮想通貨の価格が変動する可能性があるということです。

一度そういうことが起きると、次に似たような事態が発生したときに同じように値上がりするのではないかと期待する人が出てくるので、価格に影響が出やすくなります。

オリンピックイヤーに訪れる半減期

2016年の夏はリオ・デ・ジャネイロ五輪で盛り上がりましたが、同じ頃、ビットコイン関係者は4年に1回の別のお祭りで盛り上がりました。それが「ビットコインの半減期」です。図7には含まれませんが、半減期もビットコイン価格に大きく影響します。

半分になるのは、ビットコインの承認作業に対する報酬です。すでに説明したように、ビットコインは、10分ごとに繰り広げられる「承認レース（マイニング競争）」ですべての取引が承認されることで信用を担保しています。レースの勝者だけが報酬を独り占めにできるので、レースに参加するマイナーたちは承認レースにのめり込むのです。その報酬が、2016年7月に、従来の「25BTC」から半分の「12・5BTC」に減らされました。

なぜかというと、コンピューターの処理能力は年々向上するので、複雑な計算を解くマイニングにかかるコストは、それに応じて減っていくと考えられるからです（仕組みについては、140ページ参照）。

しかし、いきなり報酬が半分になってしまうと、マイナーのモチベーションは下がる一方です。ビットコイン価格が倍とはいわないまでも、何割か上がってくれないと、マイナーはレースから撤退してしまうかもしれません。

2016年夏の前後にビットコイン価格が6万円から8万円に上がったのは、半減期を境に「上がるはずだ」という期待が集まったからです。「1BTC＝6万円」のままだとすると、報酬は「25BTC＝150万円」から「12・5BTC＝75万円」と半減するところでしたが、「1BTC＝8万円」まで上がったので、「12・5BTC＝100万円」となり、マイナーが実際に受け取る金額の下落幅は小さくなっています。これくらいの減少なら、マシンパワーの向上によって補えるのではないでしょうか。

このように、ビットコイン価格の変動には、さまざまな要因が絡み合っています。国が発行している通貨とは異なる要因で変化することもあるので、ここで紹介した五つのポイントに注目しながら、運用してみるといいかもしれません。

分散投資、長期投資にも

ビットコイン相場は、まだ他の金融商品と比べて成長率が高い段階なので、分散投資のポートフォリオの中に組み込んで、日本株に何割、米国株に何割、新興国債に何割投資するというのと同じような感覚で、手持ち資産の何割かをビットコインで持っておくという投資のしかたをする人もいます。

そういう人の中には、ＦＸによくあるデイトレードとは対極的な長期保有を前提としていて、今後10年くらいは寝かせておくとおっしゃる方もいました。

長期投資の神様ウォーレン・バフェットは、ある金融商品に投資するときは、その商品について論文が書けるくらい勉強してから買うべきだといっていますが、ビットコインの場合はテクノロジーや規制の動向が価格形成に大きく影響するので、そのあたりはしっかり見ておいたほうがいいと思います。

ビットコインを使うメリットは?
②送金手段として

ビットコインの得意分野は、海外送金。日本から銀行経由で外国に送金すると、いちいち確認が必要なので手間も時間もかかるうえ、手数料もかなりとられます。あいだにビットコインをかませるだけで、手数料が劇的に安くなります。

ビットコインを使うメリットの二つ目は、国をまたいでお金を動かすことです。海外送金や海外決済の手段として、ビットコインは優れています。

たとえば、日本や米国に出稼ぎに来たフィリピンの人たちが母国に送金するのに、銀行経由で送ると手数料がけっこう高いし、時間もかかります。コンビニATMやスマホで送金できるセブン銀行などを利用するのですが、1万円送るのに990円、5万円送るのに1500円、10万円送るのに2000円といった手数料がかかります。そういうときにビットコインを使うと、とても安い手数料で素早く送ることができるのです。

フィリピンでは、5万円あれば実家の家族4人が1カ月暮らせます。1カ月分の生活費として5万円をまとめて送れば、手数料は1500円で済むのですが、実は、フィリピンの人たちはお金を貯める習慣があまりなく、お金をもらったらすぐに使ってしまうそうです。

1カ月分の仕送りをまとめて送っても、数日で使い果たしてしまうので、出稼ぎに来ている人はなるべくこまめに少額を送金したいわけです。ところが、1万円ずつに分けて送ろうと思うと、990円×5回分でおよそ5000円の手数料がかかってしまいます。

送金額の1割です。これはもったいない。

そういうときこそ、ビットコインの出番です。ビットコインなら1％ほどの手数料で瞬時に送金が完了します。これなら1000円単位でも気兼ねなく送金できるので、送る人も、受け取る人も、双方ハッピーです。

海外送金の手数料が割高な理由

1万円単位のこまめな海外送金は日本人にはなじみが薄いかもしれませんが、事業をやっていて海外と取引がある人なら、必ずぶつかるのが為替レートと手数料の問題です。

たとえば、外資系企業で米国に本社があって日本に支社がある場合、あるいは逆に、日本企業が米国に支社（子会社）を持っていた場合、円からドル、ドルから円に資金を行ったり来たりさせるだけで、二重に手数料をとられてしまいます。そのとき、「円↓ビットコイン↓ドル」「ドル↓ビットコイン↓円」のように、あいだにビットコインをかませるだけで、手数料は安くなるのです。

もちろん、変動要因が円ドル相場だけではなく、ビットコイン相場にも左右されることになりますが、入り口と出口は円やドルのような法定通貨で、あいだの移動手段としてだけビットコインを使うというのは、仮想通貨の最も理想的な使い方ではないかと思います。

銀行経由の海外送金では、顧客から送金指示を受けた国内銀行と、送金先の外国銀行が相互に口座を持っていれば、その口座を使って資金を振り替えればいいのですが、そうでない場合は、それぞれの銀行と相互に口座を開いている別の銀行（コルレス銀行という）にあいだに入ってもらう必要があります。

たとえば、日本の地方銀行からマレーシアの銀行に米ドルを送るとすると、外国為替を扱っている東京のメガバンクと、グローバル展開しているニューヨークの銀行を経由している可能性があります。あいだに入るコルレス銀行の数が増えれば、それだけ手数料は跳ね上がるし、途中で口座番号を間違えるなどの事務手続き上のミスが発生すると、送金がストップしてしまいます。送ったはずのお金が届かないと相手から連絡を受けて調べてみたら、なぜか別の国の銀行で止まっていたという事態が起こり得るのです。

国際送金に関するレガシーシステム

国際送金に関する銀行間のやりとりには「ＳＷＩＦＴ（Society for Worldwide Interbank Financial Telecommunication：国際銀行間通信協会）」のシステムが使われています。各国の加盟銀行にはＳＷＩＦＴが発行するコードが割り当てられ、それが「住所」の役割を果たしています。こちらの「住所」からあちらの「住所」に「いくら送るか」という暗号化されたメッセージをやりとりするのがＳＷＩＦＴの果たす役割です。

もう70年くらい前からあるレガシーシステムですから、処理も重く、手数料も割高です。米国やＥＵはまだいいとして、日本からインドネシアに1万円送ると、手数料で５０００円とられてしまうような理不尽な現実があります。ところが、インドネシアにビットコインの取引所があれば、日本とインドネシア間はビットコインで送金すれば、より早く、より安く送金できるわけです。

そこで、日本のビットコイン取引所で日本円をビットコインに替えて相手に送り、受け取った人がその国のビットコイン取引所で自国通貨に替えれば、ビットコイン相場の影響は受けますが、銀行経由の送金と比べて、手数料は格段に安くなります。ビットコインはもともと特定の国に属さない仮想通貨なので、そういう使い方が向いているのです。

銀行経由の送金の手数料が高いのは、基本的に人間がチェックしているからです。あいだに複数の銀行をはさんだ煩雑な手続きをすべて人間がチェックしているから、ミスも起きやすく、人件費も加算されます。人間がやっていたことをコンピューターで自動化すれば、膨大な処理を一瞬でこなせるようになるので、手数料をかなり安く設定しても十分元をとることはできるのです。

テクノロジーを使って人間の面倒な仕事を自動化すれば、誰もが早く、安く、質のいいサービスを受けられるようになります。フィンテック（226ページ参照）がいま注目を集めているのは、それが大きな理由の一つです。

既存の銀行システムは、抜本的な対策がとられないまま、増改築に増改築を重ねて迷路と化した老舗の温泉旅館のようなつくりになっています。象徴的なのが、過去に数回起きたみずほ銀行の大規模システム障害です。つぎはぎだらけの複雑怪奇なシステムだから、一つの国内メガバンクのシステム統合だけでも、大変な問題をはらんでいます。まして、国ごと、銀行ごとに別々のシステムが動いていて、通信手段も違えば、ルールも違うとなると、これを全部入れ替えるのは、現実問題として不可能に近いといえましょう。

また、お金がストップすると経済活動が成り立たないので、資金移動は一瞬たりとも止めることはできません。そのため、どれだけ非効率で、無駄が多かったとしても、すでに稼働しているシステムをだましだまし使い続けるしかないのです。

銀行送金との併存を

ビットコインをはじめとする仮想通貨に期待されているのは、いきなり既存のシステムを入れ替えようという大それた話ではありません。既存のシステムは残しつつ、しがらみのないまっさらなところに迂回ルートを別につくって、そちらでお金をやりとりしようというのが仮想通貨の基本的な発想です。

日常的に億単位のお金を動かすような大企業は、すでに幾多の実績があり、何より安全・安心な既存の送金システムを使うほうがいいはずです。しかし、数千、数万円から数百万円程度のお金のやりとりには、もっと簡単で安い送金手段があってもいいのではないでしょうか。その部分を、ビットコインをはじめとする仮想通貨が担おうというのです。

離れた人同士がメッセージをやりとりするときに、昔は手紙が一般的でした。ところが、メールが普及するにつれて、年賀状や時候の挨拶程度の重要度の低いものは、どんどんメールに置き換わっていきました。そのほうが手紙を書く手間が省けるし、コストもかからないからです。しかし、冠婚葬祭などいざというときは、まだ手紙やハガキを送る人がけっこういて、中でも異動・転職の挨拶状や訃報などは紙のやりとりも多いのではないかと思います。

それと同じで、何億、何十億円という金額を動かすとなると、銀行経由のほうが安心です。しかし、少ない金額のお金を送るときは、人手を介さず、デジタル化したほうが便利なのではないでしょうか。

海外送金ってどんなときに必要なの？

①事業資金の移動、②個人輸入、③海外投資、④仕送り、⑤旅行先での現金の盗難、⑥海外クラウドファイナンスへの投資、⑦地震などの大規模災害時の寄付金、⑧海外ブックメーカーへの支払い、など用途は広がっています。

最初にビットコインの世界に入ってきたのは、FXと同じようにビットコイン投資をする人たちです。安く買って高く売れば、その差額が儲けになるのは、どんな投資でも同じです。短期間でビットコイン価格が上がり、効率よく儲かるとなれば、利に聡《さと》い人たちがどんどん集まってきます。

入り口としては「儲かる新しい投資先」というイメージが先行していたかもしれませんが、ビットコインを実際に使う人が増えてくると、なかには、これでお金を送ってみよう、買い物してみようとトライする人が出てきます。デジタルなお金、バーチャルなお金といっても、別に消えてなくなるわけではないし、怖くない。それどころか、実はけっこう便利だという認識が広がってきました。

日本の場合は銀行振込が一般的で、全国津々浦々までコンビニATM網が広がっているので、仮想通貨を使わなければならない場面はなかなか想像できないかもしれません。しかし、ちょっとしたお金を送るのにも銀行の窓口で何時間も待たされ、書類をたくさん提出しなければならず、しかも資金移動の上限が決められているような国では、ビットコインはある種の「福音」として広く大衆に受け入れられる余地があります。

中国でビットコインが人気な理由

ビットコインで送るのに適した金額は、人により、状況によって異なります。
たとえば、私たちが運営している取引所には、中国や台湾の人たちから日本の不動産を買いたいという問い合わせがけっこうあります。東京に土地を持っていればステータスにもなるし、都心のマンションを買ってエアビーアンドビー（Airbnb）のような民泊サービスに提供すれば儲かるということもあるでしょう。２０２０年の東京オリンピックに向けて宿泊施設の需要が高まるのは確実なので、投資対象として、日本の不動産に熱い視線が注がれています。

中国の人民元は外国への持ち出しに制限があり、台湾からの送金手数料もバカにならないので、あいだにビットコインをかませて購入資金を送るケースが出てきています。ビットコインの取引高で人民元が圧倒的なシェアを占めるのは、資金移動に制限があるため、外国と取引するには仮想通貨を使わざるを得ないという理由もあるのです。

日本人が海外送金する場面

では、日本人の私たちが「海外送金」をするとしたら、どんな場面が考えられるでしょうか。

まず考えられるのは、事業資金の移動です。外国企業と取引している企業なら、どこでも発生するニーズです。

個人レベルだと、海外のオンラインサイトから直接商品を取り寄せる個人輸入や海外投資、海外に留学している子どもへの仕送り、海外赴任先から日本への仕送りなどが考えられます。旅行先で現金を盗まれたときに、当座のお金を送ってもらうこともあるかもしれません。

ここでは、それ以外の利用法を二つ紹介します。

①災害時の寄付金

2016年4月に熊本地震が起きたとき、被災者支援のための寄付をビットコインで募ったところ、2カ月弱のあいだに45BTCあまり（当時のレートで「1BTC＝6万円」とすると、約270万円）が集まりました。英語と日本語のウェブサイトを立ち上げたのですが、ビットコインはこういう使い方もできるのかと興味を持ってくれた人がいて、SNSで拡散してくれた結果、熊本支援のために、世界中から1000人以上の人たちがビットコインを送ってくれたのです。

日本は地震や台風などが身近なだけに、災害支援のために寄付をしようという人はたくさんいますが、特に海外で発生した災害に対する支援金は手数料がかかり、あまりに少額の寄付だと現地にほとんど届かないという現実があります。最低5000円、1万円からでないと意味がないといわれると躊躇してしまう人もいるかもしれませんが、100円から寄付できるとしたら、自分の限られた小遣いの中から出してもいいと思う人は必ずいるはずです。

ビットコインなら、アプリの操作だけで簡単に少額からでも寄付ができ、手数料もそれほどかかりません。たとえ100円しか出せなくても、手数料が2円ほどしかかからないなら、寄付する意味はあります。

海外に寄付するとき、どこにどれだけ手数料がかかって、実際にいくら現地に届くのかわからないという不安はありますが、ビットコインは手数料が安いし、ブロックチェーン上には取引記録が全部残っているので、自分が寄付したお金がきちんと相手に届けられたということを、後から確認することができます。寄付先が領収書を発行しなくても、ブロックチェーンに記録が残っているから透明性が高く、(途中でネコババするなど) やましいことはできにくい仕組みになっているのです。

その意味でも、ビットコインは寄付金や支援金の送金に向いているといえます。

②海外のクラウドファンディング

ビジネスで外国企業と取引している人は別として、個人で海外に送金する機会はあまりないかもしれません。海外のサイトからオンラインで物を買うときは、たいていクレジットカードで決済しているはずで、為替レートや手数料はあまり意識しないかもしれませんが、実際はかなり割高な手数料をとられています。

たとえば、日本から米国のクラウドファンディング「キックスターター」のプロジェクトに出資するとしましょう。一口何ドルで募集がかけられ、送金する側からすると同じ金額を出資したつもりでも、受け取る側からすると、米国内から受け取る金額と、他国から受け取る金額が異なっている可能性があります。

ただ、米ドルはすべての通貨と交換できる基軸通貨なのでまだマシなほうで、「1ドル＝100円」のときに日本円から米ドルに交換しようとすると、たいていどの銀行でも「プラス1円」ほど手数料が上乗せされ、実際は「1ドル＝101円」での交換になります。

ところが、米ドル以外と交換しようとすると、いったん米ドルに交換してから、その通貨と交換することになるので、「プラス2円」「プラス4円」のように手数料が跳ね上がります。

なぜ手数料がかかるのかといえば、マネーロンダリングを防ぐために本人確認の書類が必要だったり、何のために送金するのか、目的を確認したりしなければいけないからです。日本国内の取引でも、ATMでの現金振込には上限があり、限度額を超える振り込みについては窓口で本人確認が必要なように、国をまたいだ送金の場合は厳密にチェックしなければいけないという決まりがあります。

それだけ人手がかかるので、どうしても手数料が割高になってしまうのです。

ビットコインで買い物ができるって本当なの？

ビットコインで直接買い物をすることもできます。お店でビットコインアドレスのＱＲコードを発行してもらい、それをスマホで読み取って利用代金を送金すればＯＫです。国内でも利用できる店舗がどんどん増えています。

投資対象としての魅力にあふれ、また送金手段としても使い勝手がよいビットコインですが、これからは身近な支払い手段として、どんどん普及していくと見込まれています。国内ではまだ利用できる店舗は限られているとはいえ、2016年末の時点で、飲食店や美容室、ネイルサロンなど、4200店舗でビットコインによる支払いを受け付けています。2016年の1年間で4倍以上に増えた計算ですから、今後もさらに増えていくはずです。

スマホだけで支払いが完了

ビットコインの支払いは、「ウォレット」と呼ばれる専用アプリを通じて行います。支払い方法は簡単で、ビットコインを送金するのとまったく同じ手順です（23ページ参照）。お店でビットコインアドレスのQRコードを発行してもらい、それをスマホで読み取って利用代金を送金するだけ。財布を持たず、現金やカード類が手元になくても、スマホさえ持っていれば、その場で支払いが完了します。

名称	通信販売／地域	説明
めん処 村上家	静岡県	静岡市清水区にある うどん・そば屋。
郡上八幡自然園	岐阜県	郡上八幡にある 野外学習キャンプ場。
ベルギービールダイニング サンタルヌー	愛知県	名古屋市中区にある ベルギービールの専門店。
YOSA PARK 祝園西店	京都府	京都にある ハーバルスチームエステ。
癒ロイド	大阪府	大阪日本橋にある メイドカフェ。
Cube dog	大阪府	大阪市にある ペットサロン＆ペットホテル。
神戸 マリンスポーツ体験 Club Sea Dream	兵庫県	芦屋・西宮にある マリンスポーツ体験施設。
RICCO	鳥取県	鳥取市古海にある マツエク・肌質改善専門店。
Audrey	広島県	広島市にある どうぶつクリニック。
ジオフロントカフェ	愛媛県	松山市にあるカフェ。
CYCLE SHOP CROSS COUNTRY	福岡県	福岡県内に複数店舗ある サイクルショップ。
genome fukuoka	福岡県	博多区川端商店街にある コワーキングスペース。
人形のかわの	熊本県	荒尾市にある人形の専門店。
キッチンケン	鹿児島県	鹿児島市にある洋食レストラン。
スピードレンタカー	沖縄県	那覇市にある オープンカー専門のレンタカー。

出典：Bitcoin日本語情報サイト。2017年2月現在

図8 国内利用可能店舗の一例

名称	通信販売／地域	説明
DMM.com	総合サイト	DVDレンタル、通販、動画配信、オンラインゲーム等総合サイト。
アイラボファクトリー名古屋店	家電・AV	iPhone/iPad/iPodの修理店。
DiGiket.com	書籍・音楽・ソフトウェア	同人コンテンツのダウンロード販売サイト。
Wafelhuis	食品	神戸にある手づくりストロープワッフルの店。
BLANCA	ファッション	オリジナルのジュエリー・アクセサリー販売店。
彩雅	インテリア・日用雑貨	和食器や漆の器などの販売店。英語サイト。
BULK HOMME ONLINE STORE	ヘルス・ビューティー	男性化粧品の販売店。
スポーツサービスジム	車・バイク	静岡県のカー用品販売店。
ケイメノ株式会社	サービス・その他	英文添削サービスの会社。
Light Bar	北海道	札幌市にあるカジュアルバー（DJ BAR）。
民宿はまなす	宮城県	気仙沼市唐桑半島にある宿泊施設。
The Pink Cow	東京都	東京六本木にあるレストランバー。
Futaba jewelry 銀座店	東京都	銀座にあるブランド品・ジュエリー等販売店。
L'echo	東京都	白金高輪にある美容室。
L.I.K.学習塾	千葉県	鎌ヶ谷市にある学習室。
横浜美健整体からだ庵	神奈川県	横浜市弘明寺にある整体院。

おつりでもらった小銭が邪魔になることもないですし、金額を自分で確かめてから送金できるので、クレジットカードのフィッシング詐欺のように、どこかで誰かに「抜かれて」しまう心配もありません。その意味では、現金やカードを持ち歩くよりも手軽で、安心といえるかもしれません。

Apple Payが交通系カードの「Suica」に対応したこともあり、支払い関係はすべてスマホにまとめることが可能になりつつあります。

スマホがあれば、財布はいらない。そんな時代がもうすぐやってくるかもしれません。

ビットコインの「ウォレット」とは

ところで、ビットコインの専用アプリである「ウォレット」は、「財布」というよりも、イメージとしては「銀行の預金口座」に近いものです。口座にある残高の範囲内で送金でき、誰かから送金してもらうこともできます。買い物をして代金を支払うときは、デビットカードのように口座から直接支払う形になります。

また、現金そのものが入っている本物の「財布」と違って、ウォレットにはビットコインそのものが入っているわけではないので、ウォレットアプリの入ったスマホを紛失しても、ビットコインは失われません。その意味でも、「財布」というより「口座」そのものを持って歩くイメージに近いと思います。

ただし、ビットコインのウォレットが銀行口座と大きく違うのは、送金（振込）先の口座番号の扱いです。銀行口座の場合は、原則として1人一つの決まった口座番号を持ち、振込先も毎回同じ口座番号になります。しかしビットコインの場合は、原則1人一つのウォレットを持つところまでは同じですが、送金先であるビットコインアドレスは無数に発行できるため、毎回違うアドレスを発行して送金するのが一般的です。つまり、一つのウォレットの中に無数のアドレスがある状態です。

ビットコインのアドレスを「口座番号」にたとえて説明するケースもあるようですが、むしろ、別アカウントで管理する「複数のメールアドレス」に近いものだと思ったほうがいいかもしれません。Aさんは相手によって複数のメアドを使い分けていて、Bさん用のアドレス、Cさん用のアドレスといったように、それぞれ別々のアドレスを持っているというイメージです。

ちなみに、インターネットの住所であるＩＰアドレスが自動で割り当てられるように、ビットコインの送金先であるアドレスも毎回自動で割り当てられます。

PART 2

ビットコインの仕組みはどうなっているの？

バーチャルなお金にどうして価値が生じるの?

円やドルに価値があるのは、みんなが価値があると信じているからです。信用こそがマネーの本質で、ビットコインの場合は「誰も偽造・改変できない」「特定の国や人の支配を受けない」「有限である」ことが信用を担保しています。

ビットコインは実体を持たないバーチャルなお金で、中身はただの記号にすぎません。では、なぜそれが「通貨」としての価値を持つのでしょうか。それを考えるために、まず「円」や「ドル」がお金としての価値を持っているのはなぜかを振り返ってみましょう。

金《ゴールド》の希少性

かつて金本位制だったときは、紙幣というのはあくまで金《ゴールド》といつでも交換できるものでした。金《ゴールド》をいつも持ち歩くのは大変だし、盗まれたりする危険も大きいので、国の金庫に預けておいて、国民はいつでも金《ゴールド》と交換できる「預かり証（金兌換券《だかん》と呼びます）」を使っていたのです。

しかし、そうなると、国庫（国の金庫）に入っている以上の紙幣は発行できません。国の経済力は保有する金《ゴールド》の量に比例することになり、金《ゴールド》の争奪戦が起きます。有名なのは、19世紀の終わりに南アフリカで起きたボーア戦争です。現在でもレアメタル（希少金属）の宝庫として知られる南アフリカの金鉱をめぐる戦争で勝利した「大英帝国」は、莫大な富（＝ゴールド）を手に入れ、わが世の春を謳歌します。

ところが、世界中に産業革命が浸透し、各国の経済が発展していくと、「国の経済力＝国が保有している金《ゴールド》の量」という関係にズレが生じます。そもそも人類がこれまでに掘り出した金《ゴールド》の量は全部あわせて18万トンあまり、50メートルプールに加算すると3・7杯分程度しかないといわれています。希少だから価値が高いわけですが、量が限られているだけに、各国が経済力に見合った金《ゴールド》を保有するのはむずかしくなります。

そのため、現在の通貨は金《ゴールド》とは完全に切り離され、各国の中央銀行が経済状況に応じて発行しています。つまり、円やドルの価値は金《ゴールド》に裏づけられたものではなく、みんなが円やドルに価値があると信用しているから価値があるのです。

「信用」こそマネーの本質

円やドルは「信用」で成り立っているというのは、どういうことでしょうか。

考えてみれば、紙の「一万円札」をつくる原価は20円ほどにすぎません。銀行に預金してある1万円や電子マネーの1万円はただのデジタルデータなので、コストはほとんどゼロです。にもかかわらず、1万円がマネーとして通用するのは、誰もが「1万円の価値がある」と信じているからです。

　そうした「信用」を支えているのは、国に対する信頼です。そのため、国の将来に不安を感じる人が増えると、円やドルの価値は下がっていきます。その結果、かつて1万円で買えたものが、1万1000円出さないと買えなくなったりします。通貨の価値がそれだけ下がったわけです。

　戦争に負けたり、内戦で無政府状態に陥ったりして国の信用が完全に失われると、その国の通貨の価値は暴落します。1年前に1000円で買えたお米が、1カ月前には1万円出さないと買えなくなり（モノの値段が10倍＝円の価値が10分の1）、1週間前には10万円出さないと買えなくなり（モノの値段が100倍＝円の価値が100分の1）、今日は50万円で取引されている（モノの値段が500倍＝円の価値が500分の1）とすると、お金をいくら刷っても間に合いません。これがハイパーインフレ（物価の暴騰＝通貨価値の暴落）と呼ばれる現象です。

誰も偽造・改変できない

では、ビットコインの信用はどこから生まれるのでしょうか。大きく分けると、三つあります。

一つは、「誰も偽造・改変できない（はず）」という信用です。中央集権的な組織を持たないビットコインの場合、みんなの「信用」を支えているのは、国や、その国の通貨を発行している中央銀行ではありません。「全員が過去の取引記録を相互認証する仕組み」があって、誰もそれを偽造したり、過去にさかのぼって改変したりすることはできないと信じているから、そこに信用が生まれるわけです。

逆にいうと、誰かが後から手を加えて改変できるとわかった瞬間、価値が暴落する可能性があります。ビットコインではありませんが、他の仮想通貨では現実にそういう問題が起きていて、大問題になっています（２０８ページ参照）。

特定の国や企業の思惑に左右されない

二つめは、「特定の国や企業の思惑に左右されない」という信用です。

ビットコインは特定の国や企業によって発行されるものではありません。10分ごとに行われる承認レースの勝者に対して一定のコインが発行されるというのは、ビットコインの根幹に関わるルールなので、おいそれと変更することはできません。つまり、誰かが勝手にビットコインを大量に発行したり（流通量が急激に増えると通貨価値が暴落する）、勝手に発行ペースを遅らせたりすることはできないのです。

世間に出回るお金の量を意図的に増やして景気を刺激したり、意図的に絞って過熱気味の景気を抑えたりする金融政策は、各国で日常的に行われていますが、ビットコインには中央銀行がないので、流通量をコントロールするという発想がありません。そのため、どこか特定の国の思惑に左右されることなく、安定的に流通量が増えていきます。

日本や米国が崩壊しない限り、「円」や「ドル」は暴落しないだろうというのも「信用」なら、ある特定の国が恣意的にコントロールできないから信用できるというのも「信用」です。どちらを信じるかはあなた次第。その意味で信仰に近いものがあります。

また、ルールがオープンに共有されていることも、みんなが「信用」している理由の一つです。ルールをオープンに共有して民主的に運用するという仕組みはインターネットととても相性がよいのです。

有限であること

そして、三つめはビットコインの総量があらかじめ決められている、つまり「有限であること」です。仮想通貨はデジタルデータなだけに、その気になれば無尽蔵に増やすことができそうですが、ビットコインはあらかじめ上限が決まっていて、２１００万枚発行された時点で打ち止めになります。計算上は、２１４１年にすべてのビットコインが掘り尽くされる予定です。

古来、金や銀などの希少な金属が通貨の役割を果たしてきたのは、まさに量が限られているからです。世界中で取引されている基軸通貨、米ドルが金《ゴールド》と完全に切り離されたのは、いまからわずか40年ほど前のことです。それ以前は、金《ゴールド》の「希少性（有限性）」こそ価値の源泉でした。ビットコインも「希少（有限）」だからこそ、価値が認められているといえます。これについては、後ほどあらためて説明します（136ページ参照）。

ビットコインは金《ゴールド》とよく似た資産

ビットコインは、通貨というよりも、金《ゴールド》にいちばん近いと私は考えています。もともと発行数が有限だから希少価値が高いし、時間がたつほど採掘するのがむずかしくなるように設計されているからです。

石油や鉱物資源は掘りやすいところからどんどん掘って現金化していくので、後になるほど採掘コストが上がる傾向にあります。ビットコインの採掘（マイニング）も、後になるほど計算が複雑になり、見つけるのがむずかしくなるので（難易度=ディフィカルティが上がる）、それによって価値が上がっていくことが期待されています。

その意味でも金《ゴールド》と似ていて、『デジタル・ゴールド　ビットコイン、その知られざる物語』（ナサニエル・ポッパー、日本経済新聞出版社、2016年）という、そのままのタイトルの本も出ています。

ビットコインは誰がつくっているの？

ビットコインは、どこか特定の組織に属する開発チームでつくられたものではなく、「サトシ・ナカモト」を名乗る謎の人物が公開した論文に興味を持った人たちが分担してコードを書き、徐々に現在の形に近づいてきたものです。

ビットコインの出発点は、「サトシ・ナカモト」を名乗る人物が2008年11月に暗号理論に関するオンラインコミュニティで発表した「Bitcoin: A Peer-to-Peer Electronic Cash System（ビットコイン：P2P電子キャッシュシステム）」という論文です。

といっても、ビットコインは「サトシ・ナカモト」が単独で開発したものではなく、どこか特定の組織に属する開発チームでつくられたものでもありません。開発者のオープンなコミュニティの中で、「サトシ・ナカモト」が提唱したブロックチェーンの技術に興味を持った人たちが分担してコードを書き、徐々に現在の形に近づいてきました。

いわゆるギークな人たちが仲間内で「ビットコインを掘り当てた」「ビットコインを送ってみた」と楽しんでいたのが、2009年前後のことです。

ビットコインをめぐる人たち

ビットコインの関係者を同心円状で表すとすると、円の中心付近にいるのは、初期の頃からビットコインの開発に携わってきた「コア・デベロッパー」といわれる人たちです。彼らがビットコインのソフトウェアを実際に開発しています。

図9 ビットコインの関係者

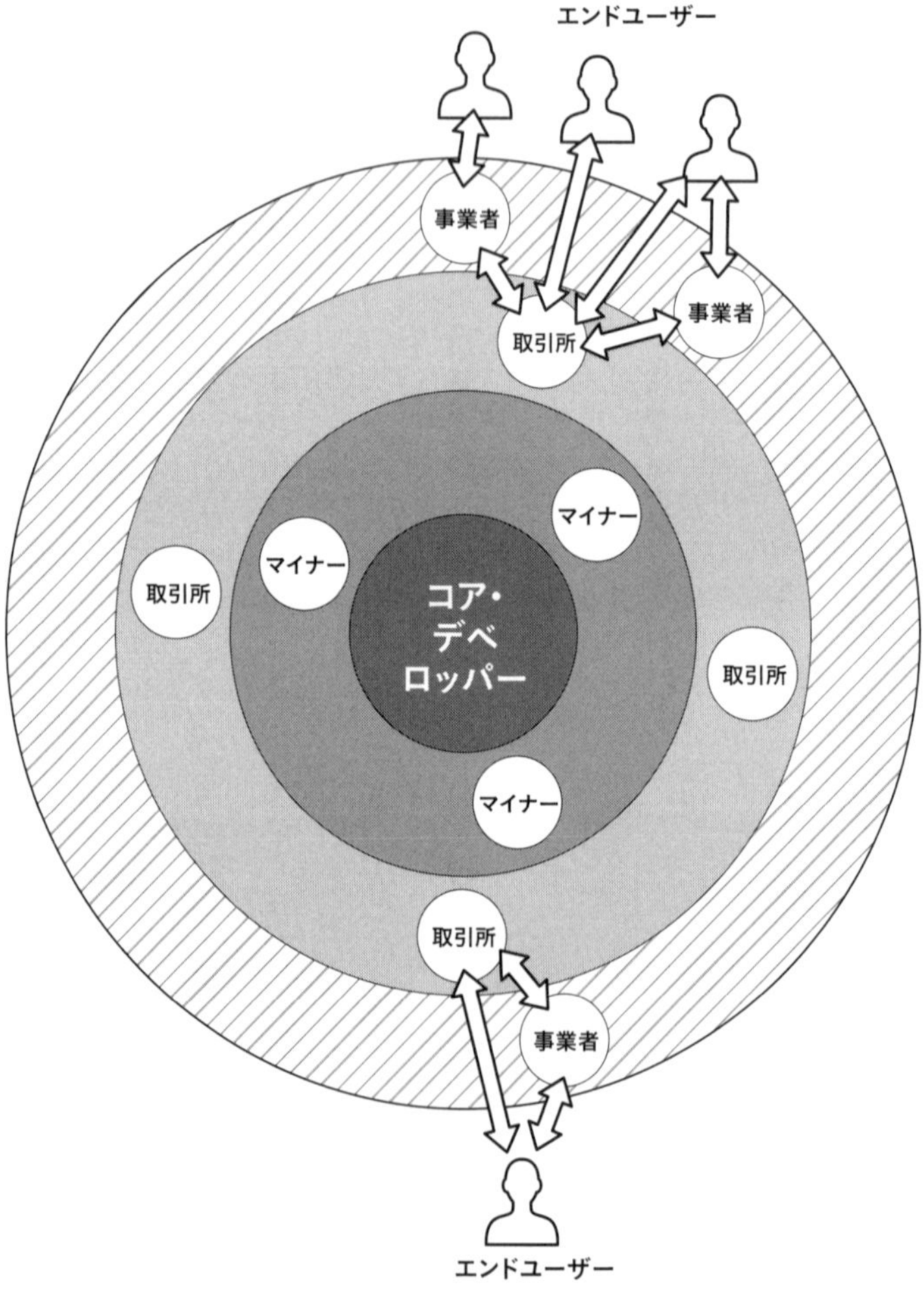

そのすぐ外側には、世界中で行われているビットコインの取引を承認し、新たなビットコインを掘り出している「マイナー（採掘者）」と呼ばれる人たちがいます。後ほどくわしく説明しますが（128ページ参照）、マイナーの人たちがスパコン並みのマシンパワーと電気代を負担して、すべての取引を承認してくれているから、ビットコインという仮想通貨が成立しているのです。

その外側には、実際にビットコインの取引を仲介している私たちのような「取引所」があります。取引所が行っているのは、主に「両替」と「送金」です。「両替」というのは、ビットコインを円やドルと交換することで、ビットコインの売買そのものです。手数料が安い「送金」は、ビットコインの得意分野でした（78ページ参照）。

さらにその外側には、ビットコインを使ったサービスを展開する事業者がいます。ビットコインで支払いを受け付けるお店やeコマースのサイトがそれに当たります。

いちばん外側にいるのが、エンドユーザーであるみなさんです。取引所経由でビットコインを売ったり買ったり、送ったり受け取ったりします。

話し合いによる運営

開発者とマイナーの主だったメンバーは、数カ月ごとに世界各国で開かれているビットコイン・カンファレンスに集まり、今後の方向性について議論しています。

もともとの設計思想として、中央にサーバーがあって誰かがそれを管理するシステムよりも、みんなで分散管理するシステムのほうが民主的で、コストもかからないから、そのほうがいいという発想があります。中央にサーバーがあると、どうしてもそれを運営する人に権力が集中するというか、そこが力を持つことになる。通貨の場合はそれが国であり、中央銀行であったわけです。

ところが、国が何でも決めるのはよくない、国は信用できないと考える人たちがある一定数いて、そういう人たちはそもそも誰かの指図を受けるのが大嫌いなので、全員が自分の自由意志で参加して、メンバー間に序列がなく、みんなの話し合いによってルールをつくり、個々の取引に問題がないか相互に承認し合うシステムのほうが心地よいのです。

全員参加による意思決定を重視するという意味ではラディカルな民主主義で、政府を信用せずに何よりも個人の自由を尊重するという意味ではリバタリアニズムに近い発想です。ビットコインやブロックチェーンの背後には、もともとそうした思想が埋め込まれているといえるかもしれません。

発明者「サトシ・ナカモト」は誰か？

ビットコインの発明者である「サトシ・ナカモト」は日本人の名前のように見えますが、その正体は謎に包まれています。過去に何人か「サトシ・ナカモト」ではないかとされる人物の名前があがり、2016年にはオーストラリアの起業家クレイグ・ライトが「自分がサトシ・ナカモトだ」と名乗り出て話題になりましたが、いまだに真相は藪の中です。

一説によると、「サトシ・ナカモト」はおよそ100万ビットコイン（「1BTC＝10万円」とすると1000億円）所有しているため、正体がバレると課税される危険があるから、名乗り出ることができないのだともいわれています。

ちなみに、サトシ・ナカモトの名前は、これ以上分割できないビットコインの最小単位「1satoshi＝0.00000001BTC」に残されています。

ビットコインの最初の取引は？

2010年５月22日に「ピザ２枚＝１万ＢＴＣ」の取引が成立したのが最初です。現実の「モノ」と交換できたことで、リアルな価値を持ちました。５月22日は「ビットコイン・ピザ・デイ」と呼ばれるお祭りの日となっています。

先ほど、ビットコインに「価値」がある理由を説明しましたが、ビットコインが現実世界で価値を持ったのは、現実の「モノ」と交換できるようになってからです。塩が貴重だった時代には、塩と何かを交換して、塩が通貨としての価値を持ちました。ビットコインも「モノ」と交換できるようになって、はじめて現金と同じ価値を持ったのです。

マイニングによってビットコインを掘り当てたといっても、それはただのデータのかたまりにすぎません。最初はそこらへんに落ちている石ころと同じで、何の価値も持ちませんでした。そのため、特定のゲームの中だけで通用する「ゲーム内通貨（ポイント）」と同じで、いきなり円やドルなどの現金に換金できたわけではありません。

「ピザ2枚＝1万BTC」で最初の取引が成立

ビットコインが最初に現実世界で通用する「通貨」としての価値を持ったのは、2010年5月22日のことでした。フロリダ在住のプログラマーが「ビットコインでピザが買いたい」とビットコイン開発者のフォーラムに投稿し、それに応じたピザ屋がいて、「ピザ2枚＝1万BTC」で取引が成立します。それまでただのデータにすぎなかったビットコインが、はじめて現実の「モノ」と交換でき、リアルに価値を持った瞬間です。

現在、5月22日は「ビットコイン・ピザ・デイ」と呼ばれて、ビットコイン関係者のお祭りの日になっています。ちなみに、ピザ屋が手にした1万BTCを現在のレート（1BTC＝約10万円）に換算するとおよそ10億円。とんでもない高値のピザだったことになります。ただし、そのピザ屋がその後ずっとビットコインを持っていればの話ですが。

ビットコインをピザと交換できたということは、米ドルとも交換できるということです。たとえば、「ピザ2枚＝20ドル」だったとすると、この時点で「ピザ2枚＝1万BTC＝20ドル」という等式が成り立ちます。そして、米ドルと交換できるということは、日本円とも交換できるわけです。

仮想通貨に限らず、いったん「値」がつけば、それは経済活動に組み込まれます。たとえば、ある特定のゲームの中でアイテム交換のために使われる「ゲーム内通貨（ポイント）」も、お金を出してでもその「ゲーム内通貨」が欲しいという人がいて、それをネットオークションなどで取引できるようになれば、ただのデータに「値」がつきます。理論上「交換できる」というだけでなく、いつでも交換可能な「場」があれば、そこに市場が立ち上がるのです。

取引所は「いつでも交換可能な場」を提供する

ビットコインの場合、いつでも交換可能な「場」を提供するのが、ビットコイン取引所です。世界のあちこちに取引所ができ、自国の通貨といつでも交換できるようになれば、それだけビットコインの流通量も増えていくはずです。流動性が高まれば、通貨としての価値も上がる。つまり、実際に使えるから信用され、さらに価値が上がっていくのです。

世界各国のビットコイン取引所がそれぞれの国の法律に従って事業を展開し、そこで交換できるようになれば、ビットコイン自体の価値もどんどん上がります。取引される量が増えれば増えるほど、いろいろなところで使えるようになるので、ドルや円と同じような価値を持つようになるのです。

ビットコインを円やドルと交換するのは「両替」ですが、別にお金と交換しなくても、直接モノと交換してもいいわけです。お店が認めていれば、ものを買ってビットコインで支払うこともできるので、支払い手段、決済手段としてのビットコインがこれから世の中にどんどん浸透していくことになるはずです。

ブロックチェーンってどんな技術？

ブロックチェーンは「分散型台帳」技術です。数百から数千個のビットコインの取引記録（トランザクション）をまとめたブロックをみんなで手分けして承認し、一本のチェーン（鎖）の形で共有しています。

ビットコインを支えるブロックチェーンの技術について、ここであらためて、くわしく見ていきます。

ビットコインの一つひとつの取引は「トランザクション」と呼ばれ、すべてのトランザクションは「AさんからBさんへ◯BTC移動する」という形で記録されます。

AさんがBさんにビットコインを売る（＝BさんがAさんから買う）場合も、AさんがBさんにビットコインを送る（＝BさんがAさんから受け取る）場合も、AさんがBさんに何かの代金をビットコインで支払う（＝BさんがAさんから受け取る）場合も、「AさんからBさんへ◯BTC移動する」という形で表現することができるからです。

未承認のトランザクションが積み上がっていく

ビットコインの取引は世界中で24時間、365日行われています。取引はすべてオープンになっているので、http://blockchain.info というサイトを見ると、最新のトランザクションがリアルタイムで更新されていくのがわかります。

しかし、ビットコインの取引はお互いに承認し合ってはじめて成立するので（33ページ参照)、この段階では、すべての取引は「未承認」の状態です。そこで、ビットコインでは未承認のトランザクションをおよそ10分ごとにまとめて一つの「ブロック」とし、それを一括して承認する仕組みを採用しています。

新しく承認されたブロックは、すでに承認済みのブロックをひと続きにした一本の「チェーン(鎖)」の最後尾にガチャンとはめ込まれて追加されます。ここでようやく取引が成立するわけです。

逆にいうと、「AさんからBさんへ○BTC移動する」という指示を出しても、そのトランザクションを含んだブロックが承認されない限り、取引は完了しないということです。ビットコインの送金指示から取引完了まで時間がかかるのは、承認待ちの列に並んでいるからなのです。

ハッシュ関数によって暗号化

個々のトランザクションは、ハッシュ関数という特殊な関数によって規則性のない一定の長さの文字列(「ハッシュ値」といいます)に置き換えられます。ハッシュ関数にかけると、どれだけ大きなサイズのデータでも、同じケタ数のまったく異なる文字列に置き換えることができるので、暗号技術でよく使われます。

たとえば、ここで仮に「AさんからBさんへ1BTC移動する」という日本語の文字列を「SHA256」というビットコインで利用されるハッシュ関数にかけると、

2E1A6323AD1223B3365E05DEF84D1AB22346C0BADC994AA1097D538CFDF048E6

という64ケタのハッシュ値が得られます。次に、0を一つ加えて「AさんからBさんへ10BTC移動する」という文字列を同じ「SHA256」にかけると、

0E5F09F9D3FA7C509D9CAFD775FA6C9CC23EBE30104D0FD4DEACD61E245468CA

という64ケタのハッシュ値が得られます。

このように、入力データをわずかでも変えるとまったく異なるハッシュ値が出てくるのが、ハッシュ関数の特徴です。そして、入力データからハッシュ値を生成するのは簡単で

すが、ハッシュ値から元のデータを割り出すことはできません。つまり、不可逆的で、後から勝手に変更できないのです。それによって、ビットコインの取引が改ざんされることを防いでいるわけです。

手数料によって優先順位を上げる

個々のトランザクションには、わずかながら手数料が含まれています。たとえば、トランザクションのデータ量1000バイトごとに0・0001BTC（「1BTC＝10万円」なら「10円」）かかるといった具合です。

小口の送金など、大半の取引では手数料は固定されていますが、送金額が大きかったりして、いち早く処理してもらいたい場合は、手数料を上乗せすることができます。

承認作業をしている「マイナー（採掘者）」にしてみれば、手数料が高いほうが取り分は増えるので、そうしたトランザクションを優先的にブロックに取り込むようにルールが整備されています。私たちのような取引所からすると、手数料を高めに設定すれば、自分のところの取引を早く承認してもらうことができることになります。

現在は、お店での決済というよりは、取引所を介した売買や送金が中心なので、手数料は安く抑えられていますが、今後、ビットコインの取引量が増えて、即時決済の必要性が高まると、手数料が上がっていくかもしれません。

45万個のブロックがつながる一本のチェーン（鎖）

さて、ブロックの話に戻ります。個々のブロックには数百から数千の取引記録（トランザクション）が含まれています。ここでは話を単純化するために、一つのブロックに100個のトランザクションが含まれるとしましょう。

すると、ビットコインが誕生して最初の取引（たとえば「AさんからBさんへ10BTC移動する」）から、100回目の取引（たとえば「XさんからYさんへ0・01BTC移動する」）までは、1番目のブロックに格納されています。2番目のブロックには101から200回目、3番目のブロックには201から300回目のトランザクションが格納されていて、100番目のブロックには9901から1万回目の、1000番目のブロックには99901から10万回目のトランザクションが格納されていることになります（正確にいうと、手数料の高いトランザクションほど優先的に承認されるので、必ずしも取引が行われた順番どおりにブロックに格納されるわけではありません）。

　ブロックはおよそ10分ごとに承認され、最後尾に追加されていくので、1時間で6個、1日で144個、1年で5万2560個のブロックが新たに追加されていくことになります。2017年1月時点のブロック総数はおよそ45万。

　つまり、45万個のブロックがつらなる、枝分かれのないたった一本のチェーンに、過去のすべてのビットコインの取引の記録が残されているのです。ブロックがチェーン状につながっているから「ブロックチェーン」というわけです。

　ちなみに、一度チェーンの最後尾につなげられたブロックの順番を後から入れ替えることはできません。1番目のブロックから2番目、3番目……とつながった順番に並んでいます。先ほど述べたように、ハッシュ値を利用して暗号化してあるので、後から勝手に変更することはできないのです。

　ブロックのつなげ方には規則があり、新しいブロックを最後尾につなげるには、規則に則った鍵を見つける必要があります。そして、この鍵を見つける作業を「マイニング（採掘）」と呼んでいるわけです（マイニングについては、128ページ参照）。

同じチェーンをあちこちに分散して保存する

ブロックチェーンは、どこかのサーバーで一元管理されているのではなく、世界中に散らばった複数のコンピューターにまったく同じものが保存されています。中心に国や企業がいて、そこが管理・運営する「クライアント・サーバー方式」ではなく、個々のユーザー同士をネットワークで結んで直接データをやりとりする「ピア・ツー・ピア（Peer to Peer。P2Pとも書く）方式」を採用しているからです。

ブロックチェーンのことを「分散型台帳」と呼ぶことがあるのは、P2Pネットワーク（分散型）で管理・運営される取引記録の一覧表（台帳）だからです。

ビットコインの取引を1個ずつ個別に承認せずに、数百から数千個の取引をまとめて承認しているのは、同じブロックチェーンを、ネットワークにつながった複数のコンピューターがそれぞれ保存しているからです。取引が発生するたびに、毎秒数十から数百回にわたってネットワークにつながるすべてのコンピューターを同時に更新するのは物理的に不可能なので、10分ごとにまとめて承認しているわけです。

マイニングって具体的に何をしているの？

ビットコインの取引はお互いに承認し合ってはじめて成立します。この承認作業が「マイニング」で、10分ごとにレース形式で行われます。レースの勝者だけがビットコインを「掘り当てる」ことができるので、そう呼ばれます。

前項で「マイニング（採掘）」とは、新しいブロックを過去のすべての取引記録が記載されたチェーンの最後尾にガチャンとはめ込むための鍵を見つける作業だと説明しました。具体的にどのような作業をしているのでしょうか。

ノンス値を片っ端から試して「鍵」を見つける

個々のトランザクションがハッシュ関数によって64ケタのハッシュ値に置き換えられているように、実は、個々のブロックもハッシュ関数によって64ケタのハッシュ値に置き換えることができます。そして、新たにブロックを追加するときは、「直前のブロックのハッシュ値＋今回のブロックに含まれる全取引データ＋任意の文字列（ノンス値）」を同様に64ケタのハッシュ値に置き換えたうえで、その最初の16、ないし17ケタがすべて0になるようなノンス値を見つけなければいけないと決まっているのです。

ノンス値はランダムな32ビットの値なので自由に決めることができますが、ノンス値が1ケタでも違えば、生成されるハッシュ値もまったく違ったものになります。つまり、任意のノンス値を片っ端から当てはめて、しらみつぶしに調べる必要があるのです。先ほど二つのハッシュ値の例をあげましたが、たまたま生成されたハッシュ値の最初の16ケタが0になる確率がどれだけ低いか、想像もつきません。気が遠くなるような回数の試行錯誤が必要なのです。

ランダムに現れるハッシュ値の最初の16ケタに0が並ぶ確率がいかに低いか

0000000000000000A2F73D1E5FCA3595DE144A9314BFF8D1DF5E30F021379E0D5

何億回、何兆回にも及ぶ試行錯誤を、わずか10分のうちに行うわけですから、膨大なマシンパワーと電力が必要です。しかし、何か意味のある計算をしているわけではなく、たまたまハッシュ値の最初の16ケタが0になるようなノンス値を探しているだけです。これがマイニングの実際です。

10分ごとに繰り広げられる承認レース

マイニングはひとりで行っているわけではなく、10分ごとに、世界中のマイナー（採掘者）が参加してレース形式で行われています。そして、そのようなノンス値を最初に見つけた人が勝者となり、その報酬としてビットコインがもらえるのです。レースの勝者だけがビットコインを「掘り当てる」ことができるわけです。

残念ながら、一番になれなかった二番手以降の人たちは、たしかにそれが正しい鍵かどうかを確かめます。鍵を見つけるまでは大変ですが、その鍵が正しいかどうかは一発でわかる。それがこのマイニングレースのおもしろいところです。

だいたい6人が承認した段階で、それは正式なブロックと認められて、ブロックチェーンの最後尾に新たに追加されます。そのような競争を10分ごとに繰り広げているのです。

毎レースはおよそ10分で決着がついてしまうので、誰かが勝者になるたびに、新しいレースが「ヨーイ、ドン」ではじまります。鍵を見つける作業は、総当たり方式でひたすら試行錯誤するだけなので、ハイスペックなマシンを駆使したマイナーのほうが有利ですが、必ずしも大金をかけてシステムを組んだほうが勝つとは限らないところも、このレースの魅力です。

とはいえ、マイニングの難易度は時間がたつにつれて、どんどん上がっていきます。考え方としては、円周率のπを計算するときに、1億ケタ目の数字を見つけるのと、1億1

ケタ目、1億2ケタ目の数字を見つけるのでは、ケタ数が増えるほど難易度が上がっていくのと同じです。現在は0が16個並ぶハッシュ値を探していますが、これを17個に増やせば、格段に見つかる可能性が減るわけです。

勝者だけが報酬としてビットコインをもらう

マイナーのモチベーションはずばり、報酬としてビットコインをもらえることです。毎回数式をいちばん先に解いた人は、12・5ビットコインを得ることができます。「1BTC＝10万円」だとすると「12・5BTC＝125万円」です。つまり、1回鍵を見つけるためのコストが125万円以下なら儲けが出る計算です。

マイニングを行うには、倉庫を借りて、特殊なコンピューターを買って、電気代を払う必要があります。マイニングの報酬がコストを上回った分が利益となります。いまのところビットコイン価格は順調に推移しているから、利益が出ています。つまり、コストをかけてでも掘り出す価値があるということです。

しかし、それがいつまでも続く保障はありません。コンピューターの処理能力は「ムーアの法則」にしたがって1年半から2年ごとに倍々ゲームで増えていくので（140ページ参照）、それに伴ってマシンパワーを調達するコストも下がるはずですが、この先、ビットコイン価格が急激に下がったりすると、マイニングのコストを吸収できなくなる可能性があります。

現に、マイニングをしている事業者の数は減っていて、いまは3ケタもいないのではないでしょうか。資本力がないとできないので、個人ではもう参入できません。マイニングのためのコンピューターは24時間、365日フルパワーで稼働していて、騒音も発熱も大きいので、冷却のための電気代がバカになりません。

そこで、いまはもともと寒いところの体育館を借り切り、安いサーバーを大量に買ってきて、それをラックにはめ込んで常時稼働させるということをやっているので、日本のように電気代の高い国ではとてもペイできません。人件費の安い中国が中心で、寒いアイルランドや、産油国で電気代が非常に安いサウジアラビアなど、一部の国に限られるというのが現状です。

マイニングのためのハードルがこのまま上がっていけば、やがて資本力のある数社だけがレースに参加する寡占状態になるかもしれません。

判子を押す部長の生き残り競争

マイニングを直感的にわかってもらうために、たとえ話を使って説明してみます。未承認のトランザクションを「未決の書類」だとすると、決裁権を持った部長のデスクには未決の書類がどんどんたまっていきます。100枚たまったらバンバンバンとまとめて承認印を押して、承認済みのファイルフォルダに入れ、フォルダを左から順番に書類棚に入れて、ダイヤル錠で鍵をかけるというイメージです。

未決の書類にはそれぞれ優先順位があります。部長に早く決裁してもらいたい優先順位の高い書類にはごほうびのチップが用意されています（手数料の高いトランザクション）。放っておくと、部長はお小遣い欲しさにチップありの優先順位の高い書類ばかり承認してしまって、優先順位の低い書類（手数料が安いトランザクション）がいつまでも未決のままになってしまうので、チップありの書類は100枚のうちの何枚まで、とあらかじめルールで決められています。

ここまでは一つの部内の話ですが、実は「未決の書類」は同じものが何枚も出回っており、世界中のあちこちの支社でも部長のデスクに同じ「未決の書類」がたまっていくところが、通常の会社とは違うところです。

100枚たまるごとに、世界中に散らばった部長たちは競うように判子を押しますが、書類棚に鍵をかけるときのダイヤル錠の番号が毎回変わるので、毎回、番号をしらみつぶしに調べる必要があります。総当たり方式で正しい番号を見つけるレースで、いちばん先に正しい番号を見つけた部長が、承認レースの勝者として、報酬を独り占めするわけです。

ビットコインには終わりがある？

ビットコインの発行枚数の上限は2100万枚。2141年に掘り尽くされる予定です。また４年に１回、オリンピックイヤーにマイナーに与えられる報酬が半分になると決められています。

図10 ビットコイン発行枚数の推移

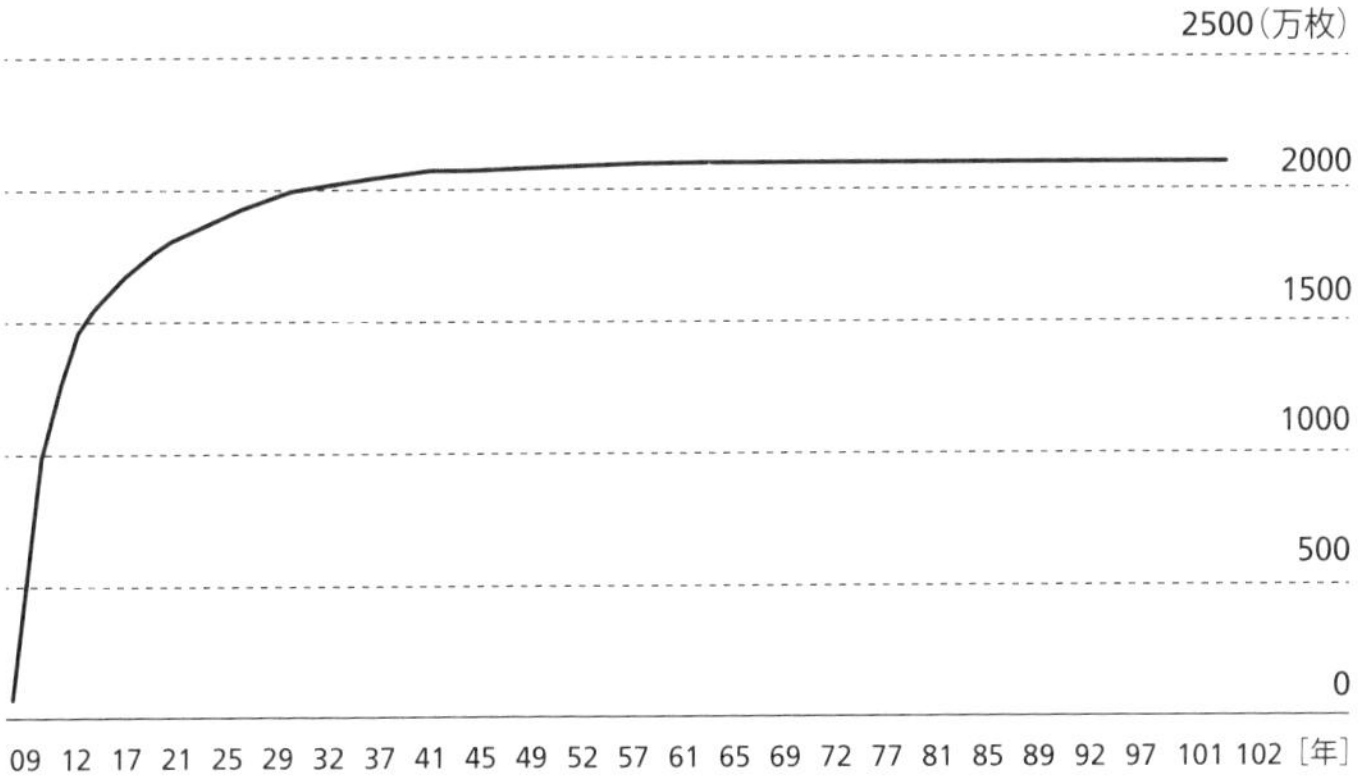

ビットコインは、10分ごとに繰り広げられるマイニングレースの報酬として、新規に発行されます。現在の報酬は12・5BTCです。

ということは、1時間で75BTC、1日当たり1800BTC、1カ月当たり5万4000BTCが新たに発行される計算です。

2017年1月現在の総発行数は1600万枚を超えています（図10）。

一方、ビットコインは発行枚数の上限が2100万枚と決まっていて、有限だからこそ価値があると前に述べました（108ページ参照）。発行ペースが決まっていて、誰かが恣意的に発行することはできないので、ハイパーインフレなどが起きる心配がないわけです。

上限2100万枚のうちの1600万枚が発行済みということは、ビットコインの取引がはじまった2009年からわずか8年で、全体の76％がすでに市場に流通していることになります。ところが、ビットコインが掘り尽くされるのは2141年とされていて、まだ100年以上先の話です。

4年に1回訪れる「半減期」

なぜこのようなことが起きるのでしょうか。それには二つの理由があります。

一つは「半減期」と呼ばれるビットコインの発行にまつわるルールです。ざっくりいうと、4年に1回、オリンピックイヤーに、マイナーに与えられる報酬（ビットコイン）が半分になると決められているのです。

同じ作業に対して支払われる報酬が2分の1に下げられるということは、1BTCの価値が半減するということです。逆にいうと、この半減期の前後にビットコインの相場が倍になってくれないと、マイナーがコストをかけてビットコインを掘る意味がなくなってしまうのです。

ビットコインの相場は、外為相場と同じようにプレイヤーの「読み」によって決まっていくので、みんなが「倍」になるはずだと思えば、価格は上がり続けます。2016年の夏のあいだはまさにバブルで、一時期「1BTC＝8万円」まで急騰しました（その後、「1BTC＝6万円」あたりで落ち着きましたが）。

現時点でビットコインは、決済手段や送金手段というよりも、FXのような投資対象の一つと見ている人が多いので、半減期を境にこうした動きが見られました。

ドルやユーロなどの一般的な為替相場の変動要因としては、2016年6月23日に行われた国民投票で、英国がEU離脱（ブレグジット）を決断したことが大きかったのですが、ビットコインに関しては、2016年夏の最大の変動要因は「半減期」だったといえるでしょう。4年に1回必ず起きるとあらかじめわかっているので、それに向けて買い込んでいた人が多かったわけです。

歴史的に見ると、半減期がやってきたのは2016年が2回目でした。2012年の1回目を経験した人は「半減期を境にビットコインが上がった」ことを見ているので、当然、2回目に期待します。2012年当時、ビットコインを持っていた人は数百、数千人のレベルでしたが、2016年の段階では、ビットコインユーザーは世界でおよそ300万人。この人たちが今回、半減期で価格が上がるという経験をしたので、さらに4年後の2020年、東京オリンピックの年に「1BTC＝数十万円」まで膨らむという読みで買いに走る可能性があります。

ムーアの法則と半減期

では、どうして半減期が決められているのでしょうか。

半減期の考え方の基本には、半導体の集積密度が1年半から2年ごとに倍増するという「ムーアの法則」があります（図11）。この経験則をマイニングに当てはめると、コンピューターの処理速度がおよそ2年ごとに倍増していくなら、いま100の時間とマシンパワーを使って解いたマイニングの価値は、2年後には半分の50しかないことになります。処理速度が2倍になれば、価値は2分の1になる。「半減期」のルールはこの考え方に基づいています。

ムーアの法則が1年半から2年で2倍としているのに対して、ビットコインが4年で2

図11 ムーアの法則

主なCPUにおけるトランジスター数の推移

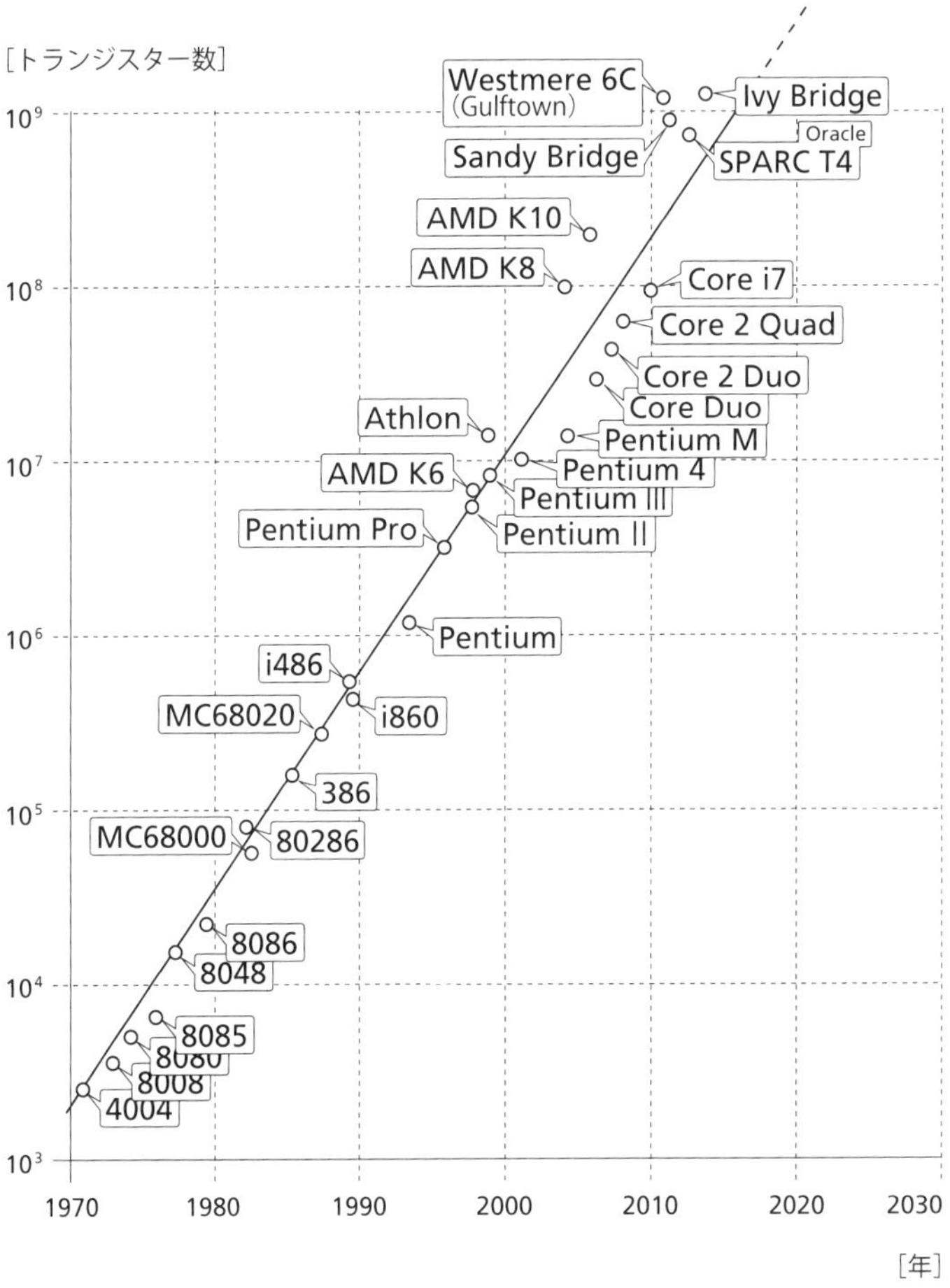

倍（ビットコインの価値は2分の1）と見積もっている理由は正直よくわかりません。ただ、マイニングの難易度は常に変動するので、ちょうど10分程度で解けるように微調整が繰り返されています。そのいちばん大きな調整が4年に1回あると考えれば、太陽の運行と暦のずれを調整する「閏年《うるう》」のようなものといえるかもしれません。

2141年にすべてのコインが発行済みになる

半減期と並んで、ビットコインがやがて掘り尽くされる理由の二つめは、ビットコインの最小単位が決まっているからです。

ビットコインはデジタル通貨なので、理論上は小数点以下何ケタまでも分割できますが、現在の最小単位は、小数点以下0が8個続く「1satoshi＝0・00000001BTC」と決められています。

半減期を繰り返していくと、マイニングの報酬はやがて「1satoshi」を下回ることになり、それ以上分割できないというルールがあるため、そこでビットコインの新規発行はストップするということです。計算上は、それが2141年になるわけです。

では、その後、ビットコインはどうなるのでしょうか。

ビットコインの取引が成立するにはマイナーによる承認作業が不可欠ですが、ビットコインの新規発行という報酬がなくなったら、誰が手間暇かけて承認してくれるのでしょう。

一つには、個々の取引に上乗せされる手数料が報酬の代わりになるかもしれません。また、手数料を合計しても、マイニングのコストを吸収できないときは、マイニングの難易度そのものを簡単にする可能性もあるでしょう。

現在、ハッシュ値の最初の16ケタを0にするようなノンス値を探していますが、100年後のマシンなら、20ケタでも30ケタでも10分かからずにはじき出せる処理能力を獲得している可能性があります。手数料収入だけでもペイできるような難易度に設定すれば、新規発行が止まっても、マイナーのモチベーションは下がらないかもしれません。

誰も見たことがない世界

現状では2141年に掘り尽くすというルールで動いていますが、それを変えることも不可能ではありません。マイナーがお互いに合意して、半分以上の議決権を行使すれば、ルール変更もできないわけではないからです。

とはいえ、ルールを変更したとしても、有限であるから価値があったものを無限、または無限に近い状態にしてしまったら、どこに価値が生じるのか、という問題が出てきます。安易なルール変更を拒む設計になっているところも、ビットコインの信用につながっているのです。

完全に空想の世界ですが、会社でいう「増資」のようなノリで、有限性は残しつつ、掘り尽くすまでの期間を延ばして、さらに100年持たせます、といったルール変更が行われる可能性もあります。ビットコインにどのような未来がやってくるのか、見てみたい気もしますが、それを決める頃には、たぶん私たちは生きていません。そのときがくるまで、みんな考えないようにしているともいえます。

円やドルの場合は、中央銀行が常に目を光らせて、マーケットに出回る通貨の量（マネーサプライ）を調節しています。ごく単純にいうと、景気が悪いときは、お金の量を増やして金まわりをよくしたり、逆に景気が過熱気味で、インフレ率（物価上昇率）が上がりすぎたときは、お金の量を減らして財布の紐をしめたりしているわけです。

しかし、ビットコインには中央銀行に当たる組織がなく、そもそも市場に出回っている

図12 **ビットコインを掘り尽くしたら……**

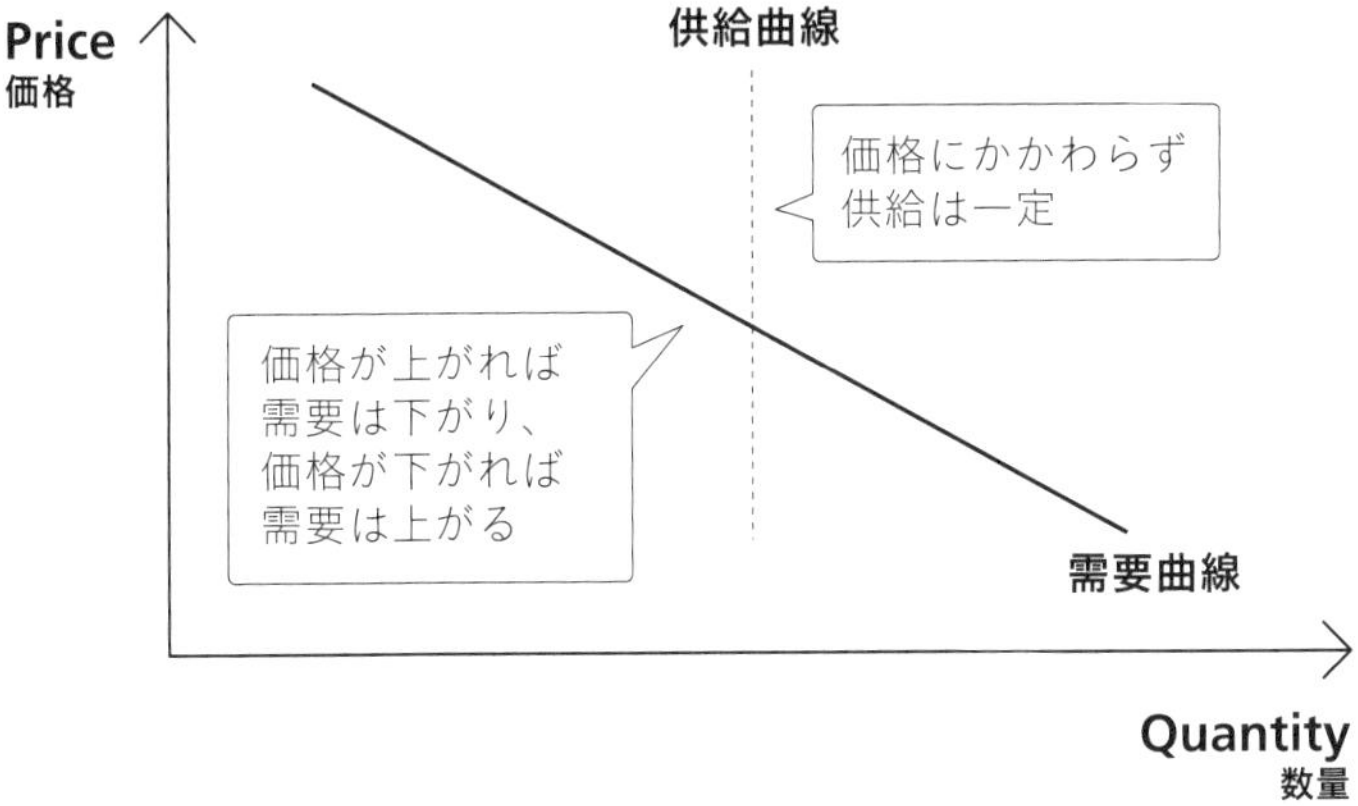

ビットコインの量を調整するという発想がありません。そのため、ビットコイン価格が跳ね上がってバブルになったり、逆にバブルが弾けて暴落したりしたときも、すべて市場による調整に委ねられています。そのうえ、価格にかかわらず供給量が一定（価格（P）をグラフの縦軸、数量（Q）を横軸とした需給均衡図（図12）で、供給曲線が垂直に立った状態）という条件が加わったとき、はたしてどうなるのか。未知の世界なだけに、何が起きるかを正確に予測するのは困難です。

　誰も経験したことがない世界なので、想像するしかないのですが、たとえば金《ゴールド》や石油を採掘し尽くしたらどうなるかを考えてみると、ヒントになるかもしれません。

ビットコインに死角はないの？

ビットコインにも技術的な課題があります。①取引完了までの時間短縮（即時決済）、②取引量増加に伴うデータ量の増加（スケーリング問題）、③上がり続けるマイニングコスト（クラウドマイニング）。

順風満帆に見えるビットコインにも、いくつか技術的な課題があります。一つは、取引が完了するまでの時間をもっと短縮できないかということ。二つめは、膨らみ続けるブロックのデータ量を圧縮できないかということ。三つめは、マイニングの難易度が上がり続けてペイできなくなるのではないか、という問題です。

即時決済に向けた取り組み

ビットコインをはじめとする仮想通貨で、取引が完了するまでに時間がかかり、即時決済できないのは、中央にサーバーを持たず、P2Pネットワークで相互承認するというブロックチェーンの基本設計にかかわる部分なので、しかたがない面があります。

そもそも初期の設計思想としては、中央にサーバーを置かず、管理者不在で、相互に承認し合うP2P型のネットワークシステムのほうがコスト的に安くできたのは間違いありません。しかし、現在のようにビットコインの採掘が進み、マイニングの難易度が上がってくると、レースに参加するためのマシンパワーも電気代もどんどん上がっていきます。

また、過去の取引記録のブロックチェーンが長大になり、重いデータをやりとりするための通信コストも誰かが負担していることになるため、一カ所でまとめて集中処理したほうが効率がいいのではないかという議論も当然あります。

ブロックの認証は約10分ごとに行われています。つまり、10分ごとに切り替わる鍵を、世界中のマイナーたちが一斉に計算して求め、一番先に見つけた人がビットコインをもらうわけです。見つかった鍵が正しいかどうかは、二番手以降の人たちがチェックします。複数の人が承認すれば、そのブロックは認証され、ブロックチェーンの最後尾に加えられます。ブロックが認証され、ブロックチェーンの末尾にガチャンとはまれば取引成立です。ビットコインの取引に時間がかかるのは、みんなで認証作業をしているからです。

しかし、マイニングの作業自体は、10分ごとに切り替わる鍵を見つけるために、ランダムに現れる数字をしらみつぶしに調べているだけで、それ以上の意味はありません。計算結果が何か別の役に立ったりすることはないのです。設備投資や電気代を考えると、ものすごいムダな作業を延々としているともいえなくもありません。

そこで、承認されるまでおよそ10分かかるという時間制限をなんとか緩和できないかと考える人たちも出てきています。

優良な取引所だけを結ぶ「サイドチェーン」

たとえば、一つひとつの取引が正しい取引かどうかを検証しなければいけないのは、ビットコインを送る人と受け取る人が誰だかわからないからです。なかには怪しい人が紛れているかもしれないので、不正な取引を防ぐために検証作業が必要なのですが、最初から信頼できる人同士の取引だとわかっていれば、いちいち検証しなくてもいいのではないか。

そういう発想で、日本や米国、中国などの実績のある取引所だけを結び、その間の取引については検証なしに即時承認する「サイドチェーン」を運用する会社が出てきています。

実績のある取引所に口座を持っている人たちは、すでに本人確認などの手続きが済んでいるから信頼できる、という理屈です。

そうなると、サイドチェーンに参加した取引所経由のトランザクションを集めたブロックのほうがいち早く承認されることになり、「即時決済」に近づいていきます。他の取引所よりも有利になるため、自分たちのサイドチェーンネットワークに参加したければ、その分手数料を払え、というビジネスも成り立ちます。取引所を相手に、主な取引所を束ねてサイドチェーンをつくろうというレイヤーのベンチャーが出てきたのです。

しかし、取引所としては、手数料を支払ってまでサイドチェーンに加入するメリットがあるかどうか、見極める必要があります。サイドチェーンのアプローチは、多くの取引所が加入すれば、他の取引所にもメリットが出る「ネットワーク効果」があるモデルのため、初期の加入取引所を巻き込むことが大きな障害になっています。

セグウィット問題

続いて、増え続けるブロックのデータ量を圧縮できないかという課題についてです。

ブロックチェーンは過去のすべての取引記録（トランザクション）が記された「分散型取引台帳」です。10分ごとに、数百から数千のトランザクションを一つのブロックにまとめ、それを承認してチェーンの最後尾に追加していきます。

ビットコインの取引量が増え、個々のトランザクションをまとめたブロックが重くなっていくと、それをチェックするのに時間がかかります。ビットコインの取引が承認されるまでに何十分もかかるのは問題なので、基本的にはブロックを軽くしたいわけです。だから、当初からブロック一つ当たりのサイズは上限が1MBと決まっていましたが、ビットコインの取引が活発になるにつれて、いずれ1MBでは入り切らなくなるだろうと心配されていました。これをビットコインのスケーリング問題といいます。

一つひとつのブロックには、数百から数千のトランザクションが含まれます。電子メールにも誰が送ったものかを特定するための電子署名がついていますが、ブロックチェーンの場合は、過去にやりとりしたすべてのメールの署名が毎回くっついてくるようなイメージなので、データが非常に重くなってしまうのです。

そこで、ブロックに書き込まれるデータのサイズを小さくするために、トランザクションの部分と、電子署名の部分を分けるセグウィット（Segregated Witness の略でSegWit）と呼ばれる解決策がビットコイン・カンファレンスで長らく議論されてきました。

議論が割れたのは、マイナーの中心地である中国が、セグウィットに難色を示していたからです。中国はインターネットの通信回線がそもそも遅いので、データ量を軽くしてしまうと、回線速度の速い国に比べて不利になるというのです。ユーザーにとっては早く処理できたほうがいいはずなのに、マイナー側の特殊要因で「遅いままがいい」という人がいて議論が紛糾していたわけですが、現在はすでに実装されています。署名部分を切り離したことによって、一つのブロックに格納できるトランザクションの数が増えたのです。

ビットコインのよいところは、どこか中心があって、そこがすべてを管理するのではなく、民主的な話し合いによって全体の方針が決まることです。しかし、民主的な運営だからこそ、意思決定のスピードはトップダウン型の組織と比べてどうしても時間がかかるし、必ずしも合理的な意思決定をできるとは限らないのです。

クラウドマイニング

マイニング競争に参加する人たちは、ハイスペックなマシン環境を整備するために、かなりの資金が必要です。競争が激しくなり、自分たちの資金だけではまかないきれなくなってきたため、世界中の人たちからオンラインで資金を募る「クラウドマイニング」も盛んになってきています。

これは、あるプロジェクトやアイデアを実現するために、広く一般の人たちから資金を集めるクラウドファンディングの仮想通貨版で、たとえば10万円提供してくれた人には、毎日少しずつ、掘り当てた仮想通貨を送ってきてくれます。500円玉貯金のような感覚で仮想通貨がたまっていくので、自分でマイニングレースに参加しない人でも楽しめます。

ただし、クラウドマイニングでお金を集めたからといって、予定どおりレースに勝てるかどうかはわかりませんし、そもそもお金を集めた人たちが本当にそのお金をマシンに投資してレースに参加しているのか、よくわからないケースもあるようです。クラウドファンディングでも、プロジェクトが着地しないケースが何割かありますが、こうしたサービスを利用するときは、あくまで自己責任というのが原則です。

クラウドマイニングでは、すでに流通量が上限の何割かを超え、マイニングで元をとることがむずかしくなっているビットコインよりも、イーサリアムなど別の新しい仮想通貨のマイニングが中心となっています（別の仮想通貨については194ページ図14参照）。そのほうが競争もそこまで激しくないので、費用対効果が高いからです。

PART 3

ビットコインの安全性や法整備はどうなっているの？

ビットコインがコピーや改ざんされる心配はないの？

ビットコインは枝分かれのない一連の取引記録を複数の人がチェックして運用されています。別の記録がまじればはじかれるし、同じものが二つ併存することはできないので、コピーや改ざんされることは原理的にありません。

ビットコインはデジタル通貨で、電子データにすぎないということは、簡単にコピーできてしまうのではないかと心配になる人がいるかもしれません。

インターネットが普及して、情報は原則タダで、誰でもコピーできるという風潮が広がりました。いままでコピー機で1枚1枚コピーしたり、手入力したりして大変だったものが、コピー&ペーストすれば、コストゼロですぐに手に入るというのは革命的です。

しかし、誰でも簡単にコピーできてしまうというのは、金融システム的にいえばマイナスです。お金をコピーしたり、金額を勝手に書き換えたりできてしまうと、その通貨に対する信用が失われてしまうからです。

P2Pネットワークで分散処理

そこでビットコインでは、すべての取引はオープンになっていて、「AさんからBさんへ1BTC移動した」という記録を、リアルタイムで世界中の誰でも見られるようになっています。誰でも見られるということは、不正操作や改ざん、コピーをしたとしても、すぐに見つかるということです。参加メンバーがその取引を承認しない限り、実行されないということろが、不正防止の一つめのポイントです。

すでに述べたように、ビットコインは、個々のユーザーが直接データをやりとりする「ピア・ツー・ピア（P2P）」型のネットワークを採用しています。ネットワークの真ん中のサーバーにデータベースを格納して、そこにみんながアクセスして利用するのではなく、インターネットに接続されたコンピューター同士を直接結んでデータを送受信するP2Pは、ファイル共有ソフトのナップスターやWinny、無料通話アプリのスカイプ、メッセージアプリのLINEなどでおなじみの技術です。

ビットコインの場合は、過去のすべての取引の記録を、どこか一カ所にまとめて保管するのではなく、世界中に散らばった不特定多数のコンピューターが同じ取引記録を保存することで、誰かが勝手に改ざんしたりできないように、相互にチェックして安全性を確保しているわけです。

コピーも改ざんもできないブロックチェーン

さらにいえば、ビットコインは、ブロックチェーンという技術を使って、そもそもコピーができない仕組みになっています。これが不正防止の二つめのポイントです。

ブロックチェーンは、過去のすべての取引が記録された一本のチェーン（鎖）のことでした（120ページ参照）。このチェーンをたどっていくと、生まれたばかりのビットコインの最初の取引から現在に至るまでのすべての取引が記録されています。最新の記録は10分ごとに一つのブロックにまとめられ、ブロックチェーンの最後尾に追加されます。このとき、個々の取引が正しく行われたのか、チェックする仕組みになっているのです。


ブロックチェーンには、①たった一本の鎖である、②一方向にしか流れない（不可逆的である）、という二つの特徴があり、そのことがコピーや二重取引などの不正防止に重要な意味を持っています（図13）。

ビットコインのすべての取引はたった一本の鎖に記録されていますが、この鎖は、どこか一カ所のサーバーに保管されているわけではなく、P2Pネットワークに接続したすべてのコンピューターにまったく同じ鎖が保存されています。

ということは、誰かが勝手にコピーしたり、書き換えたりしたら、その人の鎖だけ、他の人とは別のものになってしまいます。だから、簡単にバレるし、そもそもそんなインチ

図13 ブロックチェーンの特徴

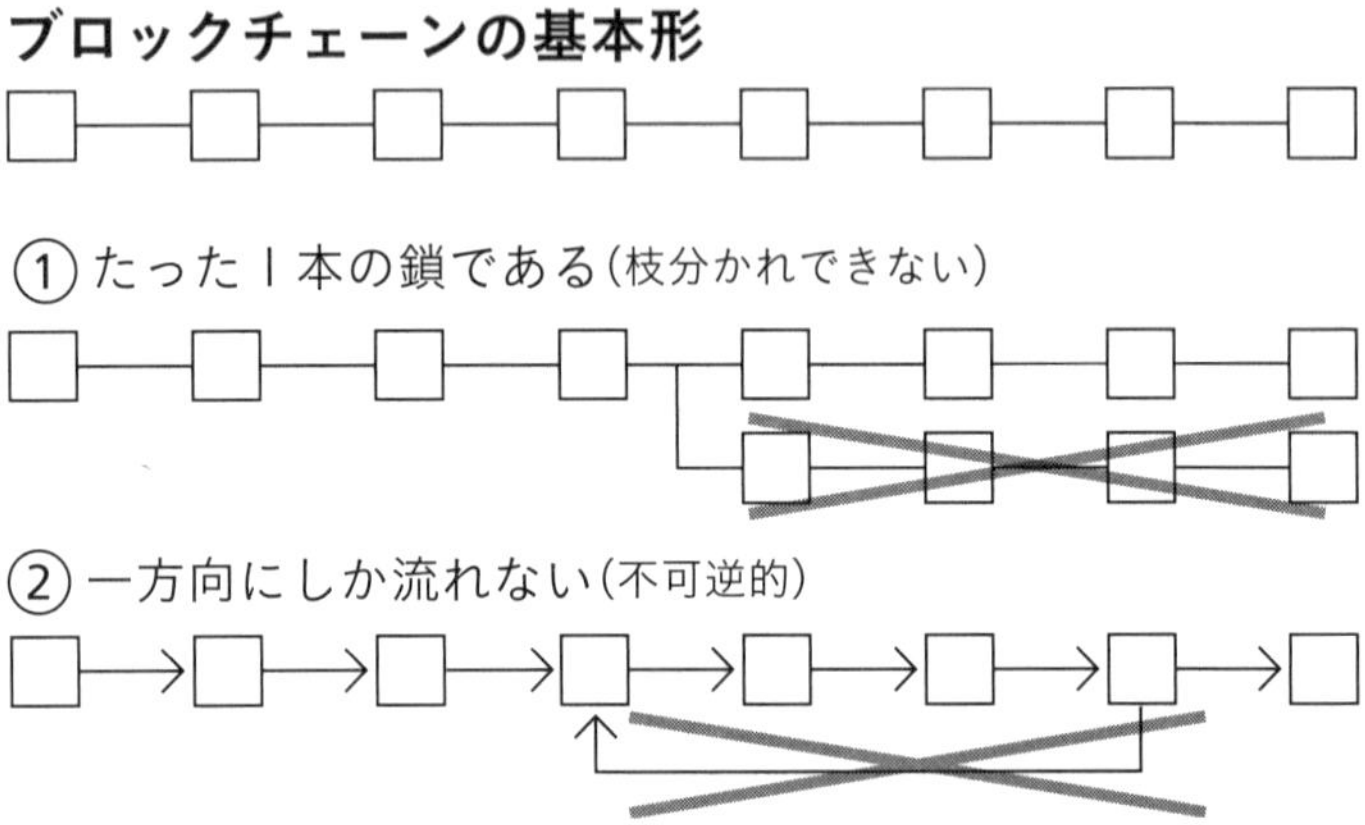

キは誰も承認してくれません。ビットコインは「民主的なお金」で、お互いに承認し合ってはじめて取引が成立するので、恣意的な操作や不正が入り込む余地がほとんどないのです。

また、ハッシュ値を利用したブロックチェーンは一方向にしか流れないので、過去にさかのぼって改ざんすることは原理的にできません(122ページ参照)。仮に、元に戻って修正を加えようとすると、それ以降のすべてのブロックを書き換えなければいけないので、改ざんは事実上不可能になっています。

集中管理の落とし穴

既存の銀行システムのようなクローズドなシステムだと、外部の人間がアクセスするだけでもきわめてハードルが高いので、誰かが勝手に数字を書き換えたりする危険は少ないかもしれません。しかし、中央のサーバーで集中処理している関係で、その一カ所だけ書き換えれば、取引が成立してしまうという問題があります。そのため、銀行内部の犯行だと、発覚するまでにかなり時間がかかったりするのです。

その点、ビットコインは、多くのコンピューターによって分散処理されているので、そのうちの一カ所が攻撃され、仮に記録を書き換えられたとしても、その取引は認められません。不正が入り込む余地は、その分、小さいといえるのです。

ビットコインでは、みんなが同じ一本の鎖を共有するため、枝分かれさせることも、後からさかのぼって書き換えることもできません。横にも後ろにもいけない、一方向だけに流れる一本の鎖です。紙幣の偽造を防ぐために、最先端の透かし技術が使われているように、ブロックチェーンという技術が、ビットコインをコピーや改ざんから守っています。

ビットコインが盗まれる心配はないの？

お客さまから預かったビットコインのデータが消えて困るのは取引所なので、何重にもセキュリティ対策をしています。また、口座に入っている現金（円やドル）は、事業用資金とは分けて保全することが法律で義務づけられています。

ビットコインでは、すべての取引記録が一本のチェーンのようにつながっているため、ビットコインを入手するたびに、みなさんのスマホやパソコンにダウンロードしていると、時間もかかりますし、通信料金もバカになりません。また、大きなデータをインターネット経由でやりとりすれば、途中で盗まれるリスクがそれだけ高くなるという問題もあります。

そのため、ビットコインの取引では、いちいちビットコインをみなさんの手元にダウンロードすることなく、ビットコイン取引所がそのやりとりを代行する仕組みになっています。みなさんが手に入れたビットコインは、あえて手元に置いておきたいという人を除けば、ほとんどのケースでは、ビットコイン取引所に預けっぱなしになっているのです。

ビットコインは預けっぱなし

みなさんがビットコインを送金するときも、手元のウォレットで「Aさんへ5BTC送る」という指示だけを出し、実際に送金するのは取引所です。誰かからビットコインを受け取るときも、いちいち自分のスマホやパソコンにダウンロードされるわけではなく、取引所が入金を確認し、その情報をみなさんの手元のウォレットに流しているだけです。

株式投資をするときに、株券をいちいち送ってもらうのではなく、証券会社に預かってもらって、自分は売買の指示を出すだけというのと原理的には同じです。そもそも自分のところにないのですから、仮に自宅に泥棒が入っても、いきなりビットコインを盗まれる心配はありません。

また、スマホやパソコンを紛失しても、預けっぱなしのビットコインが失われることはなく、リモート操作で中身のデータを消去してしまえば、盗んだ人があなたになりすまして取引に参加することもできません。

取引所のIDとパスワードは厳重に管理

ビットコイン自体は盗めませんが、ビットコイン取引所のIDとパスワードを盗まれてしまうと、盗んだ人があなたになりすまして、あなたのビットコインを売買することができます。どこかのECサイトのログインIDとパスワードを盗まれてしまうと、その人になりすましてログインされ、クレジットカード情報を抜き取られたり、勝手に高価な買い物をされたりするのと同じです。

他人によるなりすましを防ぐために、次の五つの対策を徹底しましょう。

①他人から類推されることのない専用パスワードを用意する。他のサイトとの使い回しをしないようにする。
②専用パスワードは、誰にも見られないように厳重に管理する。
③取引所が提供している2段階認証を設定する。
④スマホやパソコンには、指紋認証などでロックがかかるようにしておく。
⑤パスワードを盗まれたと疑われるときは、すみやかにリモート操作でデータを消去し、念のため、パスワードを変更する。

最近では、フェイスブックのアカウントでログインする人が増えていますが、その場合、フェイスブックのアカウントを誰かに盗まれてしまうと、そのアカウントに関連づけられたすべてのサービスが筒抜け状態になってしまうことがあるので、注意が必要です。

マウントゴックス事件とは何だったのか

では、ビットコインを預けている取引所からビットコインが盗まれる心配はないのでしょうか。自分がいくら注意していても、取引所から盗まれてしまっては、どうしようもありません。

ビットコインが盗まれるのではないかと心配する人が多いのは、マウントゴックス事件の影響が大きいようです。

２０１４年2月、東京・渋谷に拠点を置く、当時としては世界最大級のビットコイン取引所「マウントゴックス」が経営破綻し、経営者が逮捕されました。ハッキングによって85万ＢＴＣ（当時の時価で45億ドル相当）が消えてなくなったともいわれています。

しかし、マウントゴックスの事件は、ビットコインやブロックチェーンそのものに技術的な問題があったわけではありません。取引所はお客さまのお金（日本円や米ドルなど）を預かり、ビットコインも預かっているわけですが、それを社長が勝手に使ってしまったのではないかというのが一つ。もう一つは、取引所のシステムに脆弱性《ぜいじゃく》があったのではないかと見られています。

どういうことかというと、ビットコインを送ってほしいという指示が来て、指示どおりに送ったつもりが、先方からは「まだ届かない」という反応が返ってきた。そこで、また送金を試みたものの、「まだ届かない」という反応が返ってきた。これを何度も繰り返された結果、ごっそり抜かれてしまったようなのです。

こうしたやりとりは、いちいち人間が確認しているわけではなく、システムが処理しているので、システム上のバグを狙われて、大量のビットコインを送金してしまい、それを盗まれたのではないかといわれています。

顧客のビットコインの大半は、オフラインで厳重に管理

同じことが別の取引所でも起きる心配はないのでしょうか。

結論からいうと、現状ではまずあり得ません。取引所にはお客さまから預かっているビットコインがプールされているわけですが、これを盗まれるということは、取引所にとっ

ては死活問題ですから、何重にもセキュリティをかけています。

まず、お客さまからの預かり資産をすべてオンライン上に置いているわけではありません。

全体を100とすると、そのうちの数%しかオンライン上に置かず、それ以外はインターネットから物理的に切り離して、オフライン環境で厳重に保護してあります。そうすることで、外部からアタックを受け、万が一盗まれてしまったとしても、被害をその範囲にとどめることができるのです。

これは、銀行の金庫にすべての現金が置いてあるわけではなく、当座に使う分だけを用意してあるのと同じ理屈です。

それ以外のビットコインは、インターネットから完全に切り離して、USBメモリのような物理デバイスに入れ、複数のバックアップをとって、別々の金庫に保管してあります。たとえばローテクな話に置き換えてみるとわかるように、金《ゴールド》と同じように金庫にしまっておけば、少なくともネット上で攻撃を受けても盗まれる心配はありません。

保管しておいたビットコインのデータをオンラインに送るときも、社内にあるセキュリティのしっかりした1台のパソコンからしか送れないようになっています。また、誰か一人の権限で扱えるようになっていると、つい出来心で顧客の資産を流用する人が出てこないとも限らないので、ヒューマンエラーを排除するために、複数の人が承認しないと送れない仕組みも取り入れています。

ビットコインは24時間取引ができるので、取引所が預かっているビットコインの総額は常に変動していますが、私たちは数秒ごとにチェックを入れ、0・5％以上の幅で変動したときはアラームが発せられ、即座に何が起きているかをチェックできる体制をとっています。

マウントゴックスのような黎明期の取引所では、そうした社内の運用ルールや体制ができていなかったのではないでしょうか。取引所のシステムにバグがあり、運用ルールも未整備だったために、不幸にもビットコインが消えてなくなる（盗まれる？）という事件が起きたのです。

預かり資産には手をつけず別途保管する

取引所に預けているビットコインが盗まれるリスクは決して高くないわけですが、取引所を利用するみなさんが預けているのは、仮想通貨だけではありません。円やドルなどの現金そのものも預けています。

ビットコインを買うために、みなさんは取引所に現金を入金します。口座にたとえば10万円の現金を入れて、そのうちの5万円でビットコインを買ったり、3万円分のビットコインを換金して、そのまま口座に入れっぱなしにしたりします。証券口座を開設して現金を振り込み、そのお金で株を買ったりするのと同じです。

そのようにしてお客さまから預かった資産（日本円や米ドル）については、自分たちの事業資金とは分けて、別の銀行口座に置いてあります。その部分をごちゃまぜにして、お客さまのお金に手をつけるのは違法なので、厳密に分ける必要があるのです。もちろん、第三者の会計士や監査法人のチェックも受けています。

こうした仕組みやルールによって、みなさんから預かったビットコインも現金も、従来の金融機関と同じように手厚く保護されているのです。

送金中に
誰かに抜き取られる
心配はないの？

Aさんが B さんにビットコインを送金するときは、取引データをインターネットを通じてやりとりすることになりますが、途中で誰かに抜き取られないように、「公開鍵暗号」と「電子署名」という技術を使っています。

ここまでの説明で、ビットコインそのものをコピーしたり、改ざんしたりするのは事実上不可能なこと、取引所のクラウドサーバーに預けたビットコインが盗まれる心配もかなり低いことがわかっていただけたのではないかと思います。

では、送金中のビットコインを誰かに抜き取られる心配はないのでしょうか。

ビットコインの送金はインターネット経由で行われます。最近はセキュリティ技術が向上して、オンラインショッピングでクレジットカードを使う人が増えていますが、ネットでカード情報をやりとりすることに否定的な人もたくさんいます。

ビットコインを銀行間ネットワークのようなクローズドな回線ではなく、オープンなインターネット経由で送っても大丈夫なのでしょうか。

受け取る側が二つの鍵を用意する「公開鍵暗号」方式

AさんがBさんにビットコインを送金するときは、取引データをインターネットを通じてやりとりすることになりますが、途中で誰かに抜き取られないように、「公開鍵暗号」と「電子署名」という技術を使っています。

「公開鍵暗号」は、あるデータを暗号化するときと復号（元のデータに戻すこと）するときに別々の鍵を利用することで、第三者に暗号を破られないようにした技術です。データを送る人ではなく、受け取る人が二つの鍵を用意するところがミソです。

どういうことかというと、従来の暗号では、暗号化と復号には同じ鍵が使われ、データを送る人と受け取る人が同じ鍵を利用することで、暗号化と復号が行われていました。そのため、鍵そのものを盗まれてしまうと、秘匿したいデータが第三者から丸見えになってしまうという危険があったのです。

よく古い映画などでは、秘密情報の送り手（当局）と受け手（スパイ）が同じ本、たとえば聖書を持っていて、暗号にしたがって「○ページの○行目の○字目」の文字や単語を特定し、それをつなげていけば元の指令が解読できるというタイプの暗号が出てきますが、この場合は聖書が「（暗号化と復号の）鍵」に当たります。

「鍵」を持っていない人にとっては、暗号文は何の意味もない文字列にすぎませんが、「鍵」を持っている人は意味のある文章を復号できるわけです。ところが、敵が聖書の存在に気づいた瞬間、スパイへの指示も丸見えになってしまいます。しかも、敵が暗号を破ったかどうか、こちらには知る術がありません。

公開鍵暗号では、まずデータを受け取る人が「暗号化に使う鍵」と「復号に使う鍵」を用意して、「暗号化に使う鍵」だけを公開します（誰でも見られるため「公開鍵」といいます）。データを送る人は、その「公開鍵」を使ってデータを暗号化して送ります。データを受け取る人は暗号を受け取ったら、自分だけが持っている「復号に使う鍵」で復号します（データを受け取る人だけが知っているので「秘密鍵」といいます）。

この方式だと、その気になれば、誰でも「暗号化されたデータ」を盗むことはできますが、復号のための「秘密鍵」はデータを受け取る人しか持っていないので、第三者が暗号を解読することはできません。それによって通信の秘密を守っているわけです。

送る側が二つの鍵を用意する「電子署名」方式

一方、「電子署名」は公開鍵暗号とはまったく逆の流れになります。つまり、データを送る人が「暗号化に使う秘密鍵」と「復号に使う公開鍵」を用意して、「秘密鍵」で暗号化するのです。そのうえで、「暗号化されたデータ」と「公開鍵」をデータを受け取る人に送ります。

「暗号化されたデータ」と「復号に使う公開鍵」が同時に送られるので、その気になれば、誰でも復号することができます。つまり、中身はバレバレです。しかし、中身が誰でも読めるからこそ、わかることが一つだけあります。それは、このデータを送ってきた人は、鍵を作成した本人に間違いないということです。秘密鍵はデータの送り手しか知らないので、セットで生成した公開鍵で復号できたということは、このデータを送ったのは、まさに本人だということがわかるわけです。だからこそ、「署名」というのです。

そもそもビットコインの取引記録は、「AさんからBさんへ〇BTC移動する」という情報にすぎません。これ自体は、見られて困る情報ではないのです。困るのは、送り手のAさんや送り先のBさんの名前を勝手に変えられたり、金額を勝手に変えられたりすることですが、ブロックチェーンという技術によってコピーや改ざんができないのは、すでに述べたとおりです。

さらにいえば、ビットコインの取引記録が全部オープンになっていなければ、マイナーの人たちが中身を見てチェックすることはできません。だから、ここで大切なのは、間違いなくAさんが自分で送金したという事実なのです。

元の所有者の許可なく送金されることはない

「AさんからBさんへ1BTC移動する」という取引記録には、元の所有者であるAさんの電子署名によって鍵がかけられています。Aさんの公開鍵で複合すれば、間違いなく「AさんからBさんへ1BTC移動する」という取引の中身を確認できます。言い換えれば、元の所有者であるAさんの許可がなければ、誰に対しても「Aさんから◯BTC移動する」ことはできないということです。

ただ、この状態では、Aさん本人なら「AさんからBさんへ1BTC移動した」という取引を勝手になかったことにして、「AさんからCさんに3BTC移動した」ことにできてしまいます。そうした二重払いや不正操作を防ぐために、個々の取引は第三者の手によってチェックされ、間違いなく「AさんがBさんに1BTC送った」ことが確認されてはじめて取引が成立します。

この第三者による確認作業があるからこそ、ビットコインによる送金の安全性は保たれているのです。

マネーロンダリングに利用される心配はないの？

匿名性の高いビットコインはマネーロンダリングに利用される恐れがあるとして、各国が法整備を急いでいます。ただ、ビットコインはすべての取引記録が残っているので、犯罪者が逃げ切るのは至難の業です。

いまでこそ、日本国内でビットコイン取引所にアカウントを開設するときは、本人確認が必須となっていて（17ページ参照）、匿名性がだいぶ薄れてきましたが、もともとビットコインは仲間内だけで流通する遊びからスタートしているので、正体を隠したまま取引することもできました。そのため、不正に取得したお金をクリーンなお金に変えるマネーロンダリングに利用されるのではないかという声が根強く、各国も法整備に追われているところです。

また、2016年4月に表面化した「パナマ文書」にあったように、企業や個人が租税回避のためにタックスヘイブンを利用するのを黙って見ているわけにもいかないため、国際送金について、国は監視の目を光らせています。しかし、ビットコインで富を国外に移動すれば税金対策になるのではないか、と考える人はいるわけで、今後もいたちごっこが続くと思われます。

マネーロンダリングの手口

では、ビットコインを利用したマネーロンダリングは、実際にはどのように行われるのでしょうか。

２０１７年1月には、日本国内ではじめて、ビットコインを利用したマネーロンダリングの疑いで、日本人２人が追送検される事件が起きました。他人名義のクレジットカードを使って不正に購入したビットコインを、日本国内で日本円に換金した疑いが持たれています。

残念ながら、これ以上手口を明らかにしてしまうと、犯罪者に利用されるおそれがあるので、詳細を記すことはできませんが、こういうケースが現実にあるからこそ、登録段階で犯罪歴がないかどうかなど、審査を厳密に行う必要があるのです。そのため、後で述べるように、日本では２０１７年春から、ビットコインの事業者も金融機関並みに本人確認を徹底することが法律で義務づけられました（１８４ページ参照）。

トレーサビリティがしっかりしている

違法な取引、たとえばドラッグや武器、盗んだ貴金属や美術品などは闇マーケットで売るしかないので、たとえ高く売れるものであっても換金はしにくいという面があります。

一方、ビットコインをはじめとした仮想通貨は、デジタルで瞬時に動かせるので、送金に手間賃がかからないし、換金もすぐできます。だから、仮想通貨はマネーロンダリングで狙われやすいといわれているのですが、ここで思い出してほしいのは、ブロックチェーンにはすべての取引記録が残っているということです。

そのため、たとえば麻薬取引に関連したアカウントが一つ見つかると、税関などから取引所に照会が来るわけですが、こちらは一連の取引に関係した人物の名前を全部提供できる体制になっています。突破口さえ見つかれば、芋づる式に関係者が捕まる可能性が高いわけです。

仮想通貨は匿名性が高いからマネーロンダリングしやすいというウワサに飛びつく人が多いようですが、ブロックチェーンはトレーサビリティ（追跡可能性）がしっかりしていて、お金が移動した痕跡は後からいくらでもさかのぼることができるので、実は、不正なお金の移動には向いていないのです。

ビットコイン詐欺

マネーロンダリングとは違いますが、ビットコイン投資を騙った詐欺事件も起きています。「ビットコインに投資すれば確実に儲かる」と称して高齢者から資金を集めたものの、実際には投資せずに、集めた資金を流用したといったタイプの古典的な詐欺事件です。

ビットコインの客層としては、最初はまさにアーリーアダプターの世界で、ＩＴ関係の知識が豊富で、新しもの好きな人や、金融関係の人が多かったのですが、日本経済新聞で頻繁に取り上げられるようになってからは、新しい投資先を探している高齢者の方が明らかに増えました。

日経新聞に記事が載ったときは、私たちのところにも電話がかかってきて、「ビットコインなるものを買いたい。ついては申込書を郵送するか、申込カウンターを教えてほしい」という方もいらっしゃいました。普通にネットで登録してもらえば、すぐにでもはじめられるのですが、インターネットにくわしくない人が買おうとしているので、説明が大変です。こうしたことからも、ビットコインに関しては、いよいよ完全にマジョリティまで浸透したのではないかと感じています。

さて、そこまで普及してくると、ビットコインの保有者が亡くなったときにどうするかという、これまでとはまったく違う次元の問題が発生します。亡くなった方の口座をどうするか、相続するときの手続きも決める必要があります。そもそも連絡してきたのが相続人なのかどうか、本当に亡くなったのかどうか、証明してもらわなければいけません。このあたりは、銀行預金や証券口座の相続と同じです。

このように、仮想通貨どころか、インターネットの知識もあやしいレベルの人たちまで、ビットコインを買うようになってきた昨今、ルールづくりは必要です。セミナーなどで投資を勧誘する人も、ある程度、資本金がなければいけない、事業者でなければいけないといった規制が設けられました。それによって個人レベルで詐欺まがいのことをやっている人が駆逐され、健全化の方向に向かうことが期待されます。

ビットコインの法整備、会計ルール、消費税の扱いは？

資金決済法の改正で、仮想通貨の取り扱いに関するルールが整備されました。事業者には、①本人確認の徹底、②預かり資産の分離、が求められます。会計ルール、税務上の扱いについても議論が進んでいます。

法律が変わることで事業の環境が変わり、マーケットが変わります。一般のユーザーにとっても、使えるサービスが増えたり、できることが増えたりします。

2016年5月25日に資金決済法が改正され、2017年春には施行されます。日本が世界に先駆けて国として「仮想通貨とは何か」という定義を定めた画期的な法律で、仮想通貨に対してここまで踏み込んだ法律をつくった国は、どこにもありませんでした。

この法改正で、仮想通貨を取り扱う事業者には、大きく分けて2点の義務が課されます。一つは、マネーロンダリングを防ぐため、銀行と同じレベルで、仮想通貨を取引する人の本人確認を徹底すること（178ページ参照）。もう一つは、仮に事業者が破産したとしても利用者を守るため、顧客からの預かり資産と、事業の運営資金を別々に管理すること（170ページ参照）、です。

どちらも、すでに本文で説明したとおりですが、私たち事業者にとっても、何をどこまですればいいか、判断基準ができたことは歓迎すべきことです。また、これまで法的にシロかクロかがはっきりしないグレーゾーンが広がっていたため、手を出しにくかった大企業も、今後は続々とプレイヤーとして参入してくるものと思われます。

世界に先駆けた日本の取り組み

実は、世界的に見ても、仮想通貨をきちんと定義できている国はほとんどありません。ニューヨーク州法でかなり厳しい条件付きで認められたほかは、目立ったところはないのです。そのため、日本の先進的な取り組みは、世界的にも注目を浴びています。たとえば、韓国でも日本の法律を参考に法整備の動きがあります。

各国で仮想通貨まわりの法整備が整っていけば、いろいろな企業が参入し、さまざまなサービスが登場して、ユーザーも安心・安全にデジタル通貨を使うことができるようになり、新しいデジタル通貨の幕開けになるのではないかと期待しています。

ビットコインの歴史でいうと、自分たちの理想を実現するために、限られたメンバーによって運用されていた段階は終わりを迎え、現在は、この新しい技術がどうやって社会に定着するか、ルールづくりを通じてうまい着地点を見つけている段階ということができます。

もともと仮想通貨は誰にも縛られないお金であり、どこの国にも属していないという意味で、独立独歩のリバタリアン的な理想を持って生まれたのですが、社会と接点を持とうとすると、どうしても法律で縛られたり、税務上のルールに則っていかなければならないので、そこをうまく着地できるかどうか、試されているのだと思います。

世界の先陣を切って日本が法整備に動いたというのは、かなりインパクトのあることで、私たち事業者もそういう場に参加できているという実感があります。

日本が国として仮想通貨に積極的になったのは、タイミングがよかった面もあります。アベノミクスで新しい成長戦略を描いていくときに、いままでのように製造業に頼るだけでは、GDP（国内総生産）を100兆円積み増して600兆円台に乗せるという安倍政権の目標を達成するのはむずかしそうだ。では、どこで数字を積み上げていくかを考えたときに、ブロックチェーンないし仮想通貨という新しい事業領域を切り拓いて、それをアジアに売り込んでいく。そういう思惑があるせいか、行政サイドも乗り気なので、私たち事業者にとっても完全に追い風です。

ニューヨーク州の厳しすぎる規制

仮想通貨のような新しいジャンルについては、米国のほうがルールづくりがうまい印象があるかもしれませんが、州ごとに法律が異なることと、ニューヨーク州が最初にガチガチに固めて規制してきた影響で、２０１５年頃、ビットコイン業界に暗雲が垂れ込めました。

ビットコインを扱うには、仮想通貨のみならず、為替やデリバティブなど、既存の金融機関並みの許可をとらないと参入できないという厳しい条件がつけられたため、ＩＴ系のスタートアップにはハードルが高すぎて、ビットコイン事業はできなくなるのではないかという危惧が広がったのです。

ニューヨーク州には、既存の金融業界の中心地であるウォール街があり、その兼ね合いで、ＩＴベンチャーによる新規参入が制限された可能性があります。ただ、ニューヨーク州の規制が厳しすぎるなら、事業者が別のもっと規制のゆるい州に出ていけばいいだけなので、そのあたりは一概にはいえません。事実、ニューヨーク州の強力な規制が全米に広がるとマズイことになると思っていたら、カリフォルニア州ではまったく違う方向で議論されていて、そのあたり、米国の懐の深さを感じます。

規制が厳しすぎると、ユーザーも不利益を被る可能性があります。

たとえば、私たちのところには、インターネットを通じて世界中から取引の申し込みが入ります。そこで私たちは本人確認をして、ニューヨーク在住の人ではないことをチェックし、ニューヨーク州の人は全部はじいているのです。そうしないと、米国で犯罪マネーの動きを追っている人たちに目をつけられ、たとえば私が出張で米国入りした瞬間に逮捕、ということになりかねないからです。

規制が厳しすぎることで、ニューヨーク州の人たちは逆にかわいそうなことになっているのです。ビットコインの恩恵にあずかれないわけですから。

会計上の取り扱いは？

仮想通貨が法的に認められ、上場企業もビットコインを扱えるようになると、会計上の取り扱いについて、統一ルールが必要になります。会計ルールについては、私たちも加盟している一般社団法人日本ブロックチェーン協会（ＪＢＡ）と日本会計士協会、金融庁などで話し合いを続けています。

たとえば、私たち事業者がビットコインを所有しているときに、その資産をどのタイミングで評価するのか。１万ビットコイン保有しているといっても、そのままでは帳簿に載らないので、外貨のように期末時点のレートを適用して日本円に換算した時価評価で記載するとか、毎日売買していて資産が変動する部分については、行ったり来たりの売上をグロスで載せるのではなく、実体としてはその差分しか売上はないので、そのように記載するといったルールづくりを進めています。

対象となるのは、仮想通貨の取引所だけではありません。一般企業がビットコインの取り扱いをはじめたときも、保有資産をどう会計処理するかという問題が必ず発生します。

また、個人のユーザーがビットコインに投資して利益が出たときに、ＦＸなどと同じく「雑所得」扱いになるのか、それとも株式売却益のように「譲渡所得」扱いになるのか、といった問題があります。ルールが決まらないと、どうやって確定申告したらいいかわからないので、申告したくてもできないという事情もあります。

生まれたばかりの仮想通貨に投資して、なかには莫大な利益を手にした人もいるはずですが、得られた所得を申告するかどうかは、完全に個人に委ねられています。いま、ビットコインに限らず、仮想通貨市場は全般的に熱いので、多くの投資家が集まってきていますが、SNSやチャットなどで「〇〇買った」と明かす場合のアカウントはたいてい匿名です。儲かりすぎて確定申告したくないという人がいても不思議ではありません。

ビットコインに消費税はかからなくなる

消費税については、たとえば切手のように「非課税扱い」と定められていない限り、8%の消費税がかかります。生まれたばかりのビットコインは2017年2月現在、「課税扱い」となっています。では、ビットコインの取引に消費税がかかると、どんな問題が起きるのでしょうか。

たとえば、日本ではビットコインに消費税がかかるのに、外国では税金がかからない非課税扱いだとします。すると、日本でビットコインを100円分買う人は、8%の消費税が上乗せされた「108円」を支払う必要がありますが、海外でビットコインを100円分買う人は「100円」を支払うだけで済みます。これでは日本でビットコインを買う人が一方的に不利になってしまいますから、誰も日本でビットコインを使いたいとは思わないでしょう。

そこで、2017年7月から、ビットコインをはじめとする仮想通貨には、消費税がからないことが正式に決まりました。プリペイドカードや商品券などと同じく、「非課税扱い」となるのです。それによって、日本国内での売買で、一方的に不利益を被る事態は避けられます。

PART

4

仮想通貨と
ブロックチェーンは
どこまで広がるの?

仮想通貨には どんな種類が あるの？

分散型台帳技術を使った仮想通貨はビットコイン以外にもたくさんあります。契約情報を記録する「イーサリアム」、文書管理に特化した「ファクトム」、予測市場の「オーガー」など、ブロックチェーン技術は広がっています。

仮想通貨であるビットコインには、たくさんのライバルがいます。過去の取引記録をひと続きのチェーンに収納し、メンバーが相互に承認して運用するブロックチェーンの技術はさまざまなジャンルに応用できるので、現状でも、デジタル通貨と呼ばれるものは600くらいあるといわれています。

ビットコインの成功を見て、後から登場してきた仮想通貨の中には、ビットコインのさまざまな問題を改善し、機能が向上したものもあります。ただ、今後有力視されているブロックチェーンの数は限られます。

コインチェックで売買できる9種類の仮想通貨

本書を執筆している2017年2月時点で、コインチェックで取引している仮想通貨は全部で9種類。みんな分散型台帳技術のブロックチェーンをもとにしています。

いちばん流通していて取扱高が大きいのはもちろん「ビットコイン（Bitcoin）」ですが、分散型契約情報プラットフォームの「イーサリアム（Ethereum）」と「イーサリアム・クラシック」（この二つが分かれた理由については211ページ参照）や、分散型アプリケ

図14 仮想通貨の種類

名称	通貨名	通貨単位	供給量の上限	特徴
Bitcoin ビットコイン	Bitcoin	BTC	21,000,000 BTC	サトシ・ナカモトが考案したブロックチェーン技術を使った仮想通貨。圧倒的な取引量を誇り、各通貨をつなぐ「基軸通貨」の役割も果たしつつある。
Ripple リップル	XRP	XRP	100,000,000,000 XRP	ビットコインの課題である決済にかかる時間やスケーラビリティ、マイニングにかかるマシンパワーの問題をクリアした新しいタイプの仮想通貨。
Ethereum イーサリアム	Ether	ETH	なし	スマート・コントラクトを実現するためのプラットフォームであり、任意のプロジェクトがイーサリアムのプラットフォーム上で動作が可能。
Factom ファクトム	Factoid	FCT	なし	「あるデータがある時刻に存在した」ことを証明するための分散型データ認証プラットフォーム。
Monero モネロ		XMR	18,400,000 XMR	ビットコインとは別のソースコードをもとにした仮想通貨。モネロはエスペラント語で「コイン」「硬貨」を意味する。
LISK リスク	LISK	LSK	なし	LISKは、Ethereumと同じことができる。Etheruemが独自言語で開発しなければならないのに対して、LISKは一般的なエンジニアが開発できるJavaScriptという言語で開発できる点が優れている。
Augur オーガー	REP	REP	11,000,000 REP	分散型オンライン賭け市場のプラットフォームで、胴元の透明性が高いため、不正が起きにくいとされる。そこで使われる専用チップがREPである。
Zcash ジーキャッシュ		ZEC	21,000,000 ZEC	誰が誰にいくら送ったかを第三者に明かさなくても、送金トランザクションの正当性が証明できる「ゼロ知識証明」技術を用いた仮想通貨。完全な匿名性を実現。

ーションプラットフォームの「リスク（Lisk）」、文書管理プラットフォームの「ファクトム（Factom）」、代替コイン（アルトコイン）の「モネロ（Monero）」、予測市場（賭け市場）プラットフォームの「オーガー（Augur）」、即時グロス決済システムの「リップル（Ripple）」、取引を追跡できない完全な匿名性を実現した「ジーキャッシュ（Zcash）」です。

これだけ種類が多いので、市場規模や成熟度にはバラツキがありますが、それを買っている人たちは、すばらしい技術だから買って支援したいという人もいれば、投資対象として客観的に眺めつつ、安値で買って高値で売る金融商品として見ている人もいます。分散投資のポートフォリオの一つととらえ、リスクはある程度高くても、大きな成長を見込める分野として、新しい仮想通貨に投資する人が多いようです。

ビットコインが普及した理由

将来的にお金がデジタル化していくのはほぼ間違いないと思いますが、ビットコインが真の勝ち組なのかというと、まだわからないというのが正直なところです。たとえば、後発の「リップル」や「ジーキャッシュ」のほうが技術的には改善されていて、ビットコインよりも優れている面はたしかにあります。

しかしながら、数ある仮想通貨の中でビットコインが例外的に普及したのは、歴史的な偶然が重なったからだという見方があります。別の仮想通貨がこの先、ビットコインがたどってきたような歴史をもう一度繰り返して、世間に受け入れられるかというと、なかなかうまくはいかないのではないかと私も考えています。

ビットコイン以前にも、たとえば「ペイパル」のように、オンライン通貨をつくろうという試みはいくつもありました。電子メールを利用して決済するペイパルは、クレジットカード情報をネット上でやりとりしたくないと考える人たちに受け入れられ、それなりに普及しましたが、「通貨」そのものにはなれませんでした。一企業が新しい通貨を創造しようと思っても、周囲の人たちがそれを簡単に認めるわけはないからです。

企業が「仮想通貨」をつくっても、その企業内でしか通用しない場合がほとんどで、その企業の枠を超えて広がるのはむずかしいのです。その意味でも、企業が発行した仮想通貨はポイントカードやゲーム内通貨と似ています（48ページ参照）。最初からオープンソースでつくられたビットコインとは根本的に違うのです。

特定の国に支配されない通貨をつくろうという発想自体は、以前からありました。有名な経済学者のケインズも、第二次世界大戦後の通貨体制を決めたブレトンウッズ会議で、「バンコール（bancor）」という世界通貨を提案しましたが、米国の反対にあって実現しませんでした。もしバンコールが「基軸通貨」になっていれば、現在まで続く米国の覇権（パックス・アメリカーナ）もまったく違う形になっていたかもしれません。

しかし、国際公用語を目指してつくられた人工言語「エスペラント語」が普及しなかったように、後から人工的に編み出された通貨が定着するには、さまざまな偶然が重なる必要があるようです。

冷静に考えれば、特定の国の通貨が基軸通貨となり、通貨発行権を事実上独占することの弊害はいくらでも思いつきますが、物事は理念だけでは動かないということです。

ビットコインとその他の仮想通貨の関係

デジタルの世界は「勝者総取り（Winner takes all.）」の法則が働いて、シェアトップのサービスしか生き残れないとされてきましたが、ブロックチェーンについては用途別の仮想通貨が横並びに普及して、全体をつなぐのがビットコインという感じになるかもしれません。日本円や人民元、ユーロに対して基軸通貨ドルがあるように、ビットコインが基軸通貨のような役割を果たしていくのではないかと考えています。

たとえば、イーサリアムについては日本の取引所でも取り扱っているところが多いので、円から直接イーサを買うことができますが、まだ普及前の通貨は、円から直接買うことができません。しかし、この先伸びると思えば、できるだけ安いうちに手に入れたいと思うのが人情ですから、まず円でビットコインを買ってから、ビットコインでその新通貨を買うという取引をする人が出てきます。円でドルを買い、ドルで第三国の通貨を買うのと、原理的にはまったく同じです。そういう役目を、ビットコインがすでに果たしているということです。

そうなると、将来有望な新しい仮想通貨が登場するたびに、ビットコインの需要が高まる可能性があります。これが、いち早く普及したビットコインの地位はなかなか揺らがないのではないかと思う理由の一つです。

ＩＳＯで標準化の議論が進む

ネジの形状、フィルムの感度、コンテナのサイズなどの工業規格から、品質管理などのマネジメントシステムまで、世界で統一ルールをつくって国際取引の円滑化をはかるＩＳＯ（国際標準化機構）で、ビットコインの標準化の議論が進んでいます。

世界各国の通貨は、ＩＳＯ４２１７で規格が決められています。日本円を「ＪＰＹ」、米ドルを「ＵＳＤ」、ユーロを「ＥＵＲ」と表記するように、それぞれの通貨を３文字のコードで記述するための国際基準です。

世界中の銀行システムはＩＳＯ４２１７を満たす必要があるため、ビットコインがＩＳＯ４２１７に採用されると、技術的には、世界中の銀行システムがビットコインを扱えるようになります。たとえば、ビットコインを日銀ネットワークに送ることができるようになるので、仮想通貨が、いままで以上に既存の金融システムと融合する可能性が出てきます。その意味で、ＩＳＯ４２１７に採用されるかどうかは、ビットコインがさらに普及していくための、一つの試金石となっています。

ナンバー2の仮想通貨「イーサリアム」の特徴は?

過去のすべての記録を分散管理するブロックチェーン技術を「契約情報」に応用したのがイーサリアム。内部通貨イーサはビットコインに次ぐ時価総額を誇っていますが、ダオのハッキング事件以来、分裂騒動も起きています。

ビットコイン以外の仮想通貨について、ここからはいくつか代表的なものを取り上げて説明していきます。

ビットコインに続けとばかり、急速に普及しつつあるのが、「イーサリアム（Ethereum）」です。イーサリアムの内部通貨である「イーサ（Ether）」の時価総額は、2017年2月時点で10億ドル。1位のビットコインの169億ドルと比べるとケタが一つ小さいですが、堂々第2位のポジションを占めています。ちなみに、第3位は「リップル（Ripple）」で2億3800万ドル。こちらもケタが一つ小さくなります。

契約情報をブロックチェーンで保存

イーサリアム（の内部通貨であるイーサ）はビットコインと同じように日本円や米ドルと交換できるので、あたかもデジタル仮想通貨のように見えますが、本質は別のところにあります。

たとえば、Aさんが B さんに不動産を売ろうというときは、Aさんが司法書士に不動産移転登記の書類を作成してもらって法務局に提出、同時に買い手のBさんがAさんに代金を振り込んで移転が完了という流れになります。この一連の手続きを全部デジタル化しようというのが、イーサリアムのプラットフォームの考え方です。契約情報を分散型台帳技術で管理しようということです。

ビットコインのところで説明しましたが、ブロックチェーンというのは過去のすべての取引記録がひと続きのチェーンになったものなので、イーサリアムを使えば、どの不動産が誰と誰の手を経て現在の所有者に引き継がれてきたのか、一目瞭然です。

不動産登記が電子的に記録され、誰でも自由にどこまでもさかのぼって記録を参照できるようになれば便利ですし、手続き自体は自動化され、ほとんど人手を介さないので、低コストでの運用が可能です。しかも、イーサリアム自体がデジタル仮想通貨としても通用するとなると、別途代金を振り込む必要もありません。

イーサリアムは資産管理のプラットフォーム

不動産をはじめとした「アセット（資産）」を管理するためのプラットフォームがイー

サリアムと考えると、その裾野は大きく広がります。株式や債券などの有価証券はもとより、相続や譲渡、納税などの手続き自体も自動化できる可能性があります。

不動産登記を自分でしたことのある人ならわかると思いますが、とにかく書式がバラバラで、その場でしか通用しない謎ルールで運用されており、いちいち係の人に聞かないと、どんな書類が必要で、どのように記入し、どこに提出するかさえわかりません。

素人にはわからないような煩雑なルールがあるから、それを専門に書く仕事、専門にチェックする仕事が必要で、余計に人手が必要になるわけです。そうした非効率な行政サービスを自動化して、パソコンやスマホから簡単な手続きだけで利用できるようになれば、かなり便利になるはずです。

イーサリアムは、すでにマイクロソフトのAzureプラットフォームにも導入されています。マイクロソフトのような大企業が採用することで信用が生まれ、企業にも利用が広がっています。イーサリアムが注目を集めているのは、そのためでもあります。

未公開株式市場のプラットフォーム

銀行業務のうち送金や決済機能が仮想通貨で置き換えられていったように、株式や債券の世界でも、不動産業界でも、保険業界でも、ブロックチェーンによって同じような変化が起きる可能性があります。

たとえば、未公開株式市場というのは玉石混交で、個別銘柄の株価もあまり高くないので、証券会社などが100億円単位のお金をかけて立派なシステムをつくっても、仲介手数料が数％ではペイできない可能性があります。ところが、それをイーサリアムのプラットフォームに載せてつくれば、わずか数億円で開発できるかもしれません。

というのも、イーサリアムなら、ネットワークにつながったコンピューターが相互承認すればいいので、自前でサーバーを用意する必要もなく、初期コストがあまりかからないからです。

また、イーサリアムでは、すでにさまざまな開発者用モジュールが出回っているので、それらを組み合わせて自社サービス用に加工すれば、開発工程をかなり短縮できます。ゼロからつくり込むよりもはるかに簡単なため、開発コストもその分、下がります。

さらに、取引記録の保存と承認にイーサリアムのプラットフォームを使うだけで、株の売買自体は（あえて仮想通貨を使わなくても）円建てでできますから、既存の証券口座と組み合わせれば、すぐにサービスを提供できるはずです。

これだけ参入のためのハードルが低ければ、自分たちもやってみようという証券会社も出てくるのではないでしょうか。

イーサリアムの分裂騒動って何なの？

新しいタイプの投資ファンドとして注目を集めた「ダオ」ですが、ハッキングによって脆弱性が明らかになりました。その結果、ハッキング以前の取引を無効とした「イーサリアム」と、そのまま継続した「イーサリアム・クラシック」に分裂しました。

イーサリアム自体は、契約情報を分散型台帳技術で記録するプラットフォームにすぎないので、イーサリアムを利用したさまざまなサービスが立ち上がりました。なかでも注目を集めたのは、自律分散型投資ファンドとして2016年に颯爽と登場した「ダオ（The DAO）」です。

投資の民主化で人気を集めた「ダオ」

従来の投資ファンドでは、ファンドマネジャーがポートフォリオに組み込む銘柄を選んで運用します。そのマネジャーの運用能力に対して投資するのが、従来のファンドの基本的なあり方でした。

そのため、運用実績の高いファンドマネジャーは「超」がつくほどの高給取りになる一方、ファンドに出資するためのハードルもきわめて高く、とても一般の投資家には手が出せないような金額になっています。ある意味、富裕層だけを相手にしたサービスだったわけです。

ところが、分散型投資ファンドのダオでは、投資先の選定は投資家全員の投票で決まります。プロの「目利き」の力に依存することなく、参加者全員の集合知によって、投資先を決定するのです。

未公開のベンチャー企業の成長に投資するベンチャーキャピタルの機能と、小口の出資者を広く募って資金調達するクラウドファンディングの機能を併せ持ち、資金の移動を仮想通貨で行います。

DAOとは「Decentralized Autonomous Organization」の略で「分散型自律組織」を意味します。イーサリアムのネットワーク上で稼働するプラットフォームで、DAOトークン（代用通貨）を手に入れるには、先にイーサリアムの仮想通貨「イーサ（ETH）」を買う必要があり、「1ETH＝100DAO」とレートが固定されていました。米ドルや日本円ではなく「イーサ」を使うのは、送金コストを下げるためです。

発表直後から話題を集め、ICO（新通貨の予約発行による資金調達。221ページ参照）で50万ドルの募集に対して1・6億ドル（約150億円）の出資が集まったダオの影響で、イーサリアムの価格も急上昇しました。

ベンチャー投資は予測できない

もともとベンチャー投資の世界は、当たるも八卦当たらぬも八卦という面が強く、どの会社が本当に伸びるか、専門家でも正確な予測は困難です。そのため、スタートアップ専門のインキュベーター「Yコンビネーター」では、ある程度セレクションした後は、一律2万ドル前後の少額を出資して競わせ、わずか1社か2社の大成功に賭ける投資モデルを採用しています。

オンラインストレージの「ドロップボックス（Dropbox）」や、民泊マッチングサービスの「エアビーアンドビー（Airbnb）」のように、数年に一度、投資先が大化けすれば、それですべての資金を回収できるわけです。

ダオも、どうせ成功確率はわからないという前提で、最初は全張りしながら、時間の経過とともに、成功確率が上がった会社については出資額を増やし、逆は減らしていくという判断を、参加者全員の集合知によってシステム的に行うところが画期的で、もはやファンドマネジャーもいらず、「資本主義の新しい形」ともてはやされました。

ダオ・ハッキング事件とイーサリアムの分裂

ところが、２０１６年6月17日に事件が起きます。ダオがハッキングされ、総額3６００万ＥＴＨが失われたというのです。

ＩＣＯで注目され、１５０億円ほどの資金を集めたダオでしたが、そのうちの75億円分をハッカーが勝手に持ち出して逃げたのです。もちろん、イーサリアムの価格も暴落します。ところが、75億円をハッカーから奪い返すホワイトハッカーが登場して、サイバー空間上で数十億円の争奪戦が起きました。

75億円も失われるというのは、ダオだけの問題ではなく、プラットフォームとしてのイーサリアムにも問題があったのではないかということで、イーサリアムの運営元の話し合いで、本来は禁じ手である「その取引をなかったことにする」（これを「ハードフォーク」と呼びます）ことを決定します。

ここで思い出してほしいのですが、ブロックチェーンは「取引履歴」がひと続きのチェーンになっていることが最大の特徴で、だからこそ後から改ざんすることはできず、それが信用につながっていたわけです（158ページ参照）。ところが、「その取引をなかったことにする」、つまり問題のある取引の直前で時間を止めてそれ以前の状況に戻ればいいということを、自分たちで決定してしまいます。

その結果、本来枝分かれしないはずのブロックチェーンが枝分かれしてしまい、ある時刻を境に、後から書き換えられたブロックチェーンにつながるイーサリアムと、書き換えられる前のブロックチェーンにつながるイーサリアム（これを「イーサリアム・クラシック」と呼びます）という、二つのイーサリアムが同時に存在することになってしまったのです。まさにパラレルワールド、平行宇宙のような状況です。

さらに問題を複雑にしたのは、ハードフォークの方針の決め方でした。

ブロックチェーンの思想としては、中央で誰かが管理するのではなく、みんなで分散してやるから信用が担保されるという面があったのに、ごく少数の運営者だけで決めてしまったので、それに反発する人たちが出てきました。

純粋に中央集権的な決め方が嫌いな、ブロックチェーン原理主義的な人たちはイーサリアム・クラシックを支持し、今回のような問題を起こさないためには書き直しもやむなしとする人たちは新しいイーサリアムを支持して、業界を二分する大騒ぎになっています。

イーサリアムとイーサリアム・クラシックの主導権争い

当初は、イーサリアム社がもともとのブロックは誰もやらないから価値がないだろうと放置していたこともあって、イーサリアム・クラシックの価値はほぼゼロに近かったのですが、世界ナンバーワンの仮想通貨の取引所が突然イーサリアム・クラシックを扱い出した結果、そこに値がつきました。いったん値がつくと、それが500円、1000円、2000円と伸びていく世界なので、それをきっかけに復活します。

価格が上がれば、マイニングする意味も出てくるし、ユーザーからもイーサリアム・クラシックを扱ってほしいという声が増えてくるので、私たち取引所も扱わざるを得なくなります。

理想論と、目の前のお金のどっちをとるかといえば、目の前のお金になびいてしまうのは人間の性《さが》でもありますから、高い値をつけたほうにマイニングする人が集まってくるのはある意味当然です。

最近は、イーサリアムに攻撃を加える人たちも出てきていて、イーサリアムを攻撃して使えなくすれば、みんなクラシックに乗り換えるだろうということで、そういう闇の戦いが起きています。そこで、そうした攻撃を受けないようにするために、もう一度ハードフォークするぞという話も出てきて、混乱の極みに達しています。

いままさに繰り広げられている主導権争いはエキサイティングで、それだけで映画になるくらいおもしろいのですが、それだけ仮想通貨というのはまだ「枯れた技術」ではなく、試行錯誤を続けている過渡期の技術ともいえます。

ブロックチェーンはまだ成長段階の技術

理系の人間にとって「枯れた技術」というのはマイナスイメージの言葉ではなく、失敗と改善を何度も繰り返し、バージョンアップに次ぐバージョンアップを経て、ある程度成熟した技術を指します。

たとえばウェブの記述言語であるＨＴＭＬは当初、構造を記述する部分と、見栄えを決める部分が一緒になっていて使い勝手があまりよくありませんでした。そこで、標準化団体のW3C（World Wide Web Consortium）で、レイアウトやデザインなどの見栄えの部分はCSS（Cascading Style Sheets）で記述して、文書の構造はHTMLで記述するというふうに分けることを決めました。

このように議論を何度も重ねていくと、非常に論理的になり、漏れもなくなる。その状態を「枯れた技術」と呼んでいます。

ブロックチェーン技術も試行錯誤を重ねている段階ですが、まだ生まれて間もないので、どうしても自分たちでは気づかなかったことが起きたりします。いくら開発者が天才だからといっても、テストしきれていない部分があるのは当然で、そこは年月が解決してくれるでしょう。

時間の経過とともに、それまでの失敗が吸収され、細かいバグも解消されて、スキがなくなります。その分、コードも長くなりがちで、高コストになってしまうというマイナス面もありますが、想定外の事態に陥るリスクは減り、安定して使えるというプラス面も大きいということです。

既存の金融機関のようにミスが許されない世界では、枯れた技術を使ったほうがいいと個人的には思います。安心して使えることに価値があるからです。ブロックチェーンのような新技術はたしかに劇的にコストを下げる可能性がありますが、社会的信用を築いている金融機関がそこまでリスクをとって挑戦するメリットがあるのかどうかは、考えどころだと思います。

ブロックチェーンまわりの問題が複雑になりがちなのは、実験段階なのにもかかわらず資金の手当てがついてしまうことで、どこかで爆発してしまう可能性があるのは怖いところでもあります。

オンライン賭け市場の専用チップ「オーガー」って?

日本では賭博行為として禁止されている賭け市場(予測市場)ですが、欧米では盛んに行われています。オンラインブックメーカー専用のデジタルチップがオーガーです。国際送金の割高な手数料を払わずに賭けることができます。

ブロックチェーン技術は、用途によって、いろいろなサービスに転用できます。最近注目を集めている「オーガー（Augur）」は、ブックメーカー（賭け屋）の仕組みをデジタル化したプラットフォームです。オーガーで使われる仮想通貨が「リピテーション（REP）」です。イーサリアムとその通貨イーサの関係と同じです。

勝ち馬に賭けるのはある種の経済行為

日本では賭博行為として禁止されていますが、あらゆる勝負事の結果を予測して、勝つほうにベットする（賭ける）賭け屋は、欧米では人気の高い娯楽です。よくよく考えてみると、将来を予測して「勝ち馬」に賭けるのは、競馬や競輪だけではありません。株式市場も外国為替市場も、上がるほうに賭けているわけです。経済は予測（「期待」といいます）で成り立っているからです。

ブックメーカーでは、競馬やボクシング、サッカー、オリンピック競技の勝敗から、アカデミー賞の受賞者、大統領選挙の結果に至るまで、ありとあらゆる勝負事が賭けの対象になります。日本だと、ノーベル文学賞の受賞者に村上春樹さんの名前が毎年あがることでも知られています。そのブックメーカーが対象とする「予測市場」で、賭け金を現金でやりとりする代わりに、デジタルチップでやりとりしようというのが、オーガーの基本的な発想です。

透明性が高いため胴元の不正が起きにくい

ブロックチェーンにはすべての記録が残るので、誰からいくら入金されたか、調べればすぐにわかります。オープンで透明性が高いため、胴元が不正してもすぐにバレるところが、オーガーが賭け市場に向いているといわれる理由です。

取引がブラックボックスになっていると、賭けに勝った人にきちんと支払われているか、胴元が余分に懐に入れていないか、確認する手段がありません。たとえば、JRA（日本中央競馬会）のテラ銭（取り分）は25％と決まっていますが、本当に75％が配当に回されているか、一般の人には確認する手段はないのです。

また、ビットコインのところで説明したように、特定の国に属さない仮想通貨は国際送金に向いています。英国のブックメーカーに賭けるときに、円からドル、ドルからポンドに替えると、手数料はバカになりません。

仮想通貨なら中間の手数料をごっそり抜くことができるので、ブックメーカーにとっても、賭ける人にとってもメリットが大きい。だから、予測市場プラットフォームとしてオーガーに注目が集まっているのです。

玉石混交のハイリスク市場「ＩＣＯ」

新しい仮想通貨がこれから登場するというときに、資金調達のためにまだ実体がない仮想通貨の「予約権」が売りに出されることがあります。これから売り出す仮想通貨の開発元による予約販売で、新規公開株のＩＰＯ（Initial Public Offering）にならってＩＣＯ（Initial Coin Offering）とも呼ばれています。

まだ実体のない段階の話なので、かなりリスクの高い世界です。出すといいながら出さない詐欺の可能性を排除できないからです。その意味で、未公開株式市場と同じく極端な玉石混交で、英語のわかるエンジニア以外の素人にはとても見分けがつかないのではないかと思います。

先にアイデアをオープンにすることで広く一般の人たちから資金を集めるクラウドファンディングの「キックスターター」でも、必ずしもすべてのプロジェクトが予定どおりプロダクトを出荷するまでには至らないように、ICOの中にはコインを開発しているように装って資金を集めたものの、実体としては何もないという詐欺案件が紛れ込んでいないとも限りません。

いまは仮想通貨まわりが熱いので、期待だけで数千億円集まってしまう怖い世界であることは知っておいてほしいと思います。

オーガーは順調に滑り出す

オーガーも、2015年夏にICOが売りに出されています。

人気集中で価格が高騰、10円で買ったICOが20000円（2000倍）になったりしたので、初期に10万円投資していたら2000万円、1000万円突っ込んでいた人は2億円の利益が出た計算になります（利確売りをした場合）。完全に博打の世界ですが、どの世界にもIPO長者、ICO長者を夢見る人はいるので、手を出す場合はくれぐれも自己責任でお願いします。

　その後、２０１６年10月からオーガーで利用する仮想通貨ＲＥＰが売りに出されていま す。ただし、通貨はようやく取引できるようになったものの、オーガーのブックメーカー自体のサービスはまだ登場していません。いってみれば、オーガーというブックメーカー専用のチップが出てきて、それには値がついたけれども、まだ賭ける対象はない状態です。

　あらかじめＩＣＯにお金を投じていた人たちは、チップが出たことで資産価値が数千万円になったわけですが、多くの人はあえてまだ売っていません。ブックメーカーのプラットフォームがオープンになったときこそ、価値がグンと上がると読んで、まだ保有したままの人が多いのです。


　こういう世界ですから、うまくいけばみんな万々歳ですが、いつか大きな事故が起きるかもしれません。そうならないように、金融庁を中心に、顧客資産を事業資金と分けるなどの法的ルールを整備しているわけです。

　すでに市場が立ち上がって、一般ユーザーも数多く参加しているビットコイン市場と、そうしたＩＣＯ市場は分けて考えるべきでしょう。ビットコインは低レバレッジのＦＸのような「投資」、玉石混交のＩＣＯは一か八かの「投機」ととらえておいたほうがいいのではないでしょうか。

PART 5

フィンテックが
実現する未来とは？

フィンテックって いったい何なの？

既存の金融機関が提供してきた機能を細分化し、テクノロジーで自動化して、低コスト＆スピーディーに実現するフィンテックの主役はスタートアップ。富裕層に限定されてきた金融サービスの民主化という側面もあります。

ここまでビットコインをはじめとするブロックチェーンについて、さまざまな角度から説明をしてきました。国という枠組みを超えたラディカルな民主主義を実現するブロックチェーンに対する世間の注目度は高く、フィンテックの中で一大潮流をなしていくことは間違いないでしょう。

しかし、フィンテックとは、その名のとおり、ファイナンシャルテクノロジーの略ですから、カバーする領域は広く、そこで利用される技術もブロックチェーンだけにとどまりません。

フィンテックは、ＩＴの進化をさまざまな金融サービス分野に適用することで、ムダをできるだけなくし、スピーディーに問題解決しようというもので、ユーザーは使いやすいサービスを安く利用できるようになります。

金融サービスの民主化、細分化を実現するスタートアップ

私が考えるフィンテックの本質は、それまで人がやっていた作業をテクノロジーで置き換えることで、劇的にコストが下がる結果、いままで富裕層にしか提供できていなかった

さまざまな金融サービスを、一般の人にも提供できるようになる、ということです。つまり、テクノロジーによって「金融サービスの民主化」が実現する。これが最大のメリットではないかと思います。

自動化によってただ安くなるだけでなく、一般の人たちにも便利なツールが行き渡るわけです。資産総額1億円以上の顧客に限定されていた資産管理サービスも、疲れを知らないロボアドバイザーなら、年収数百万円の人をターゲットにしても、十分成り立ちます。企業から見れば、ピラミッドの頂点付近の人しか相手にできなかったのが、裾野のほうの人まで視野に入ってくるわけです。

米国の例を見ても、フィンテックを牽引しているのは、既存の金融機関ではなく、圧倒的にスタートアップです。既存の金融機関は、新しくて安いサービスを立ち上げようとすると、すでに稼働している既存サービス（割高でもしっかり儲かっているサービス）と食い合いになり、まさに「イノベーションのジレンマ」にはまってしまって、身動きがとれないからです。

一方、スタートアップは、巨大な金融機関とまともに勝負してもかなわないので、銀行や証券会社がひとまとまりで提供してきたサービスを細かく分割し（これを「アンバンドリング」といいます）、一つの機能に特化したサービスを低コストでスピーディーに提供しています。たとえば銀行には、貯蓄機能や決済機能、送金機能などが集中していますが、その一つひとつの機能に対して、数多くのスタートアップがより使い勝手のよいサービスを立ち上げて、成長スピードを競い合っています。

日本のフィンテック・スタートアップは、後ほど紹介する資産管理にしろ、ロボアドバイザーにしろ、会計アプリにしろ、シリコンバレーでいち早く実現し、すでに世の中に定着したサービスが数年後に日本に登場する、いわゆる「タイムマシン経営」のパターンをとることが多いので、目新しさはそこまでない代わりに、確実にニーズをとらえて軌道に乗りやすいという面があります。

先行する米国のサービスは、ライバルたちとの熾烈な競争を生き残り、IPOやM&Aを通じて「時価総額」という目に見える金額で評価されているので、日本の類似サービスに対しても、そこまで大きく外さないだろうという予測が立ちやすく、ベンチャーキャピタルが投資しやすい環境が整っているといえるでしょう。

人間がやるより機械のほうが信用できる「テクノロジー至上主義」

フィンテックの基本的な考え方は、これまで人間がしていた作業を、テクノロジーを使って自動化すれば、ごっそり中抜きできて、劇的に安いコストで同じ機能を実現できるということです。ですから、既存の金融機関がまとめて行っていた機能を細かく分けて、ITを駆使して一つひとつ実現していくわけです。

金融は本来、お金が余っているところと足りないところをつなぐ独占的なポジションをとることで、利ざやを稼ぐビジネスです。他に代替が効かないポジションに位置しているからこそ、大量の人間が一つひとつの取引を手作業で確認するという、ある意味、贅沢な仕事のやり方が許されてきたともいえます。しかし、フィンテックによって、そうした機能が低コストで実現できるようになると、既存の金融機関も現在の高い人件費を維持できなくなるかもしれません。

また、フィンテックの背景には、人間の判断によって恣意的に運用されるよりも、アルゴリズムによって一定のルールで運用されるほうが信用できるという「テクノロジー至上主義」ともいうべき思想があるようです。ミスを犯すのも、悪さをするのも人間だから、人間を排除したシステムのほうが信用できるというのは、特定の国や企業による管理を嫌がるブロックチェーンとも共通した価値観です。

ただし、分散型ネットワークを基本とするブロックチェーンには、どうしても非効率な面があります。ネットワークにつながった全員が承認するよりも、中央集権型のサーバーで集中処理したほうが、よほど効率的だといえるからです。

その点、中央にサーバーがあるシステムでは、その中だけで処理が終わるので、処理速度が速く、更新も運用も簡単というメリットがあります。管理者さえしっかりしていれば、そのほうが安心という人もいます。

既存の銀行システムはまさにこのタイプですが、負荷がかかってサーバーが落ちてしまうと信用問題にかかわるので、何十億円もかけて別にバックアップをとっています。そういうコストもかかってくるので、コストを削減するといっても限度があります。銀行の高コスト体質がなかなか改善しないのは、そのせいでもあります。

次にどんなサービスが登場するかは予測できる？

フィンテックは既存の金融機関が持っていた機能を細分化して実現していくので、既存の金融サービスをなぞるように進化します。そのため、次にどんなサービスが登場するのか、ある程度予測することができます。

先ほど述べたように、フィンテックの基本的な発想は、既存の金融機関が持っていた機能を細分化し、テクノロジーを使って一つひとつ再現していくものです。そのため、次にどんなサービスが登場するかは、ある程度、予測できます。フィンテックは既存の金融ビジネスをなぞるように進化するからです。

たとえば、ブロックチェーンというルールが基礎にあって、そのうえに私たちのような仮想通貨の取引所ができました。さらに、「使い勝手のよい財布があるといいな」という声に応えてウォレットアプリが登場し、「海外に気軽に送金できるといいね」「お店での支払いにも使えるといいね」という声に応えて、ＱＲコードで簡単にアドレスをやりとりする方法が出てきました。災害時の募金もビットコインで簡単にできるようになったし、不動産取引向けに「イーサリアム」という新しい仮想通貨が出てきました。

仮想通貨が普及して、多くの人が使うようになると、既存の金融機関や周辺ビジネスが担ってきたのと同じような機能を果たすビジネスが生まれてきます。ＦＸが登場して、その周辺に新しいビジネスが立ち上がっていったのと同じような経緯をたどる可能性があるということです。

フィンテックというと、小むずかしく感じるかもしれませんが、身のまわりにある金融系のビジネスを機能別に分割して、デジタル化するだけと考えれば、これから先、どんなビジネスが立ち上がっていくのか、ある程度、先読みすることができるわけです。

フィンテックの進化は既存の金融ビジネスの変化をなぞる

同じように考えていくと、ファイナンスまわりでは、確定申告や納税のためのプラットフォームが出てきたり、保険のためのプラットフォームが出てきたりするでしょう。ニーズがあるところなら、必ず誰かがその穴を埋めにいくからです。

ただし、フィンテックでは、既存のビジネスで人間が行っていた作業をできるだけ自動化して、コストを劇的に下げようという力学が働くため、既存のビジネスで1000人必要だったとすると、同じ機能を実現するのに数人から10人もいればいい、ということになります。そこがきわめて革新的なわけです。

たとえば、両替商というのは、昔は窓口でしか業務ができなかったので、全国に専用窓口が必要で、そのために人も雇わなければいけませんでした。しかし、いまはパソコン1台あればウェブサイトやアプリをつくることができるし、できたアプリはクラウドに置いておけばいいので、運用も数人いれば十分です。

フィンテックに限らず、テック系のベンチャーというのは、そういうサイズ感で動いています。人件費もかからないし、サーバー費も安くなって数十万円で済んだりするので、利益率も既存ビジネスと比べるときわめて高くなっています。

プレイヤーになるのではなく、インフラを提供する

このように、フィンテックで金融まわりの各種の機能をデジタル化していくときに、過去に金融業界で起きたことが繰り返される傾向があります。デジタル化して人件費がカットされれば、会社の規模や収益構造はだいぶ変わりますが、商売の実体はあまり変わらない。だから、業界の歴史をひも解けば、次にどの分野にスタートアップが出てくるか、どんなフェーズに移っていくのか、ある程度、先読みすることができます。

ビットコイン取引所である私たちがイメージしているのは、19世紀半ばのカリフォルニアのゴールドラッシュで、金《ゴールド》を掘り当ててリッチになる人ではなく、金《ゴールド》を目当てに集まってきた人たちに、強くて丈夫なジーンズを売ったリーバイスや、駅馬車網を築いて大陸

の東西を結んだウェルズ・ファーゴのようなビジネスです。自ら採掘レースに参加するより、インフラを整備するほうが確実で、マーケットも大きいわけですから、そこを目指そうということです。

私たち自身、金融出身ではなく、数式やシステムに強いテクノロジーベースの会社なので、むしろ、金融業界の人たちから金融の歴史や仕組みについて学ばせていただいています。一方、金融業界の人たちは頭も切れるし、超高学歴ですから、金利の計算などはめちゃくちゃ速いのですが、ブロックチェーンをはじめとするテクノロジーの話になると、とたんにわからなくなってしまうことがあるようです。プログラムを書いた経験がない人には、想像しにくい世界なのかもしれません。

逆に、私たちのような部外者から見ると、金融業界の不思議な習慣が目につきます。たとえば、銀行関係の書類は捺印が必要なものが多いですが、誰がその印鑑を確認しているかといえば、銀行の人が1枚1枚、透かして見ているわけです。それだけ手間暇かけてチェックしても、銀行印は印鑑登録済みの実印と違って本人確認がとれていないので、結局、何のために印鑑を押してもらうのか、よくわからない。生体認証のようなテクノロジーを使って本人確認したほうが確実で、人件費も減らせるはずだと考えるわけです。

テック業界と金融業界が生み出すケミストリー

テクノロジー業界と金融業界の交流という意味では、米国のほうが進んでいます。ウォール街のニューヨーク証券取引所では、ビットコイン関係のミートアップ（共通のテーマを持った人たちの出会いの場。オフ会のようにカジュアルな会合）が盛んに行われていて、スーツをビシッと着こなしたウォール街の金融マンとTシャツを着たエンジニアが普通に膝を突き合わせて話し込んでいます。

私も一度、そういう場に足を運んだことがありますが、お互いの考え方をぶつけて、新しいものをつくっていこうという気概を感じました。

それと比べると、日本はまだまだコミュニケーションが不足していると思います。専門用語一つとっても、金融業界とテクノロジー業界ではまったく違って、そのままでは理解できないので、もっと話し合う必要があります。金融業界の人たちは丸の内にオフィスがあり、テクノロジーベースのスタートアップは渋谷に集まっているので、地理的にも、心理的にも離れている距離を、もっと近づける努力が必要ではないでしょうか。

フィンテックにはどんな種類があるの？

数ある金融商品、保険、手数料などの条件の中から自分にふさわしい商品を提案してくれるマッチングサービスはユーザーの強い味方。個人向けの家計簿アプリや、法人向けのクラウド会計ソフトなども充実しています。

人と人をつなげる「就活・転職サイト」や「婚活サイト」、売りたい人と買いたい人をつなげる「オークションサイト」や「フリマアプリ」、仕事を出したい会社と仕事をしたい人をつなげる「クラウドソーシング」、商品やサービス開発用の資金が欲しい人とその商品・サービスを応援したい人をつなげる「クラウドファンディング」など、マッチングサービスはITのいちばん得意とするところです。金融に特化したフィンテックでも、マッチング機能を搭載したサービスが続々と誕生しています。

ロボアドバイザーの「テオ（THEO）」

たとえば、「お金のデザイン」という会社が提供する「テオ（THEO）」は、10万円からはじめられる「おまかせ資産運用」と銘打ったサービスです。

資産運用というのは、これまではどちらかというとお金持ち限定のサービスでした。たとえば、手持ちの資産がいくらで、年収がいくらで、何歳まで働いて、どれくらいのリターンを望んでいるかといったことを専門家に相談して、あなたがとれるリスクはこれくらいだから、先進国株と新興国株と先進国国債とリート（不動産投資信託）を何％ずつ組み合わせて保有しましょうと提案してくれる。でも、そうした提案の背後には、必ずデータによる裏づけがあるでしょう。ということは、人間ではなく、コンピューターにも同じような提案ができるはずです。それを実現したのがロボアドバイザーです。

テオのウェブサイト（https://app.theo.blue/）に行くと、無料で運用プランの見積もりができます。現在の年齢や、資産運用の経験の有無、元本の安全性をどれだけ重視するか、といった質問に答えていくだけで、自分に合った運用方針と、資産構成（ポートフォリオ）を提案してくれます。この条件で、たとえば10年間保有すればどれくらいの金額になるかをシミュレーションしてくれるので、それでOKなら、口座を開設して必要な額を入金すれば、自動で資産運用してくれるというわけです。

株や債券、投資信託、コモディティ（商品先物）などの売買もアルゴリズムによって自動で処理しているので、人件費がかからず、その分手数料は安くなります。

保険販売、送金手数料、住宅ローンの借り換えも

テオの例でわかるように、数ある金融商品の中から、手持ち資産や収入、リスク選好、

目標リターンなどによって、最適な商品（の組み合わせ）を提案するタイプのサービスは、すべてフィンテックによって自動化される可能性があります。

たとえば、生命保険や自動車保険、火災保険などの保険商品については、これまで保険代理店や銀行の窓口に行って相談するのが一般的だったかもしれません。でも、ウェブサイトやスマホのアプリで料金やサービスを比較すれば一目瞭然で、その場で契約までできればユーザーは大助かりです。

窓口販売の場合、「この商品がおすすめです」と言って出てくるのは、販売手数料が最も高い商品だったりするので、必ずしもユーザー側に立った提案とはいえません。アルゴリズムで自動検出された情報なら、そうした不透明感は排除されるので、かえって信頼できるという人も多いのではないでしょうか。

ちょっとした違いを見つけて、自分に合ったものを探すサービスには、さまざまなバリエーションが考えられます。

たとえば、日本からシンガポールに10万円送金したいというときに、銀行や送金先によって異なる送金手数料を一覧にして、最も安いところを選んで送金できるサービスがあれば、いちいち各銀行のウェブサイトに行って調べる手間が省けるので、すごく便利です。

銀行だけではなく、ビットコインのその時点でのレートや手数料も比較して、いちばん有利な条件で送金できるようになれば、海外送金に関するプラットフォームとなる可能性もあるでしょう。

あるいは、住宅ローンの借り換え比較も、低金利時代だからこそニーズがあるはずです。自分で各社のウェブサイトに行って調べるのは大変なので、全部自動で引っ張ってきてくれて、自分のローン残高や固定金利、変動金利の別などの質問に答えていくと、自分に合った住宅ローンを提案してくれる。その場で借り換え契約までできれば、ユーザーもうれしいし、サービス提供者も仲介手数料が手に入ります。

要するに、「価格コム（http://kakaku.com）」の金融版のようなサービスがあれば、わざわざ休日に時間をとって相談に行く手間も省けるから便利だろうということです。

金融というのは本来、プロは知っているのに一般のユーザーは知らないという「情報の非対称性」で儲けていたビジネスですが、ユーザーフレンドリーなインターフェイスで有用な情報に誰でもアクセスできるようになれば、そこで大儲けはできなくなります。「金融サービスの民主化」が、自動だからこそ低価格で実現できるわけです。

極めつきは、楽天の店舗向け融資サービス

極めつきは、楽天カードが楽天市場に出店している事業者向けに展開している「楽天スーパービジネスローン」です。仕入れに必要な資金を、50万円から3000万円の範囲なら、簡単な手続きだけで貸し出すというサービスで、楽天が各店舗の決済データをすべて握っているからこそ実現できるスピーディーで低コストの融資サービスです。

楽天は各店舗の数字をつかんでいるので、貸し倒れのリスクを低く抑え、低金利で貸し出すことができます。しかも、出店手数料が入るので、融資だけで儲ける必要はありません。むしろ、ローンを組んでもらって取り扱い量が増え、売上が増えれば、それだけ手数料収入も増えるので、金利は低く抑えることができます。楽天カードや楽天銀行、楽天証券など、金融機関を傘下に持つ楽天ならではのビジネスモデルです。

楽天は今やただのオンラインモールの会社ではなく、株やFXの売買手数料やカードローンの金利を中心に稼ぐフィンテックの優良企業だということです。CEOの三木谷浩史さんは日本興業銀行（現みずほ銀行）出身ですから、そのあたりは抜かりないわけです。

ネット通販で覇権を競い合うアマゾンも、マーケットプレイスの事業者向けに、最大5000万円までを融資する「アマゾンレンディング」を展開しています。アマゾンも決済データを握っているため、銀行よりも短期間で精度の高い審査が可能で、事業者にとっては機動性の高い資金調達手段になります。出店者向けの融資とはいえ、既存の銀行や商工ローンにとっては、強力なライバルが出現したことになります。

家計簿アプリとクラウド会計ソフトも

フィンテックでは、個人向けの家計簿や資産管理ソフトや、法人向けの会計ソフトも充実しています。

たとえば、家計簿アプリの「マネーフォワード」(https://moneyforward.com)は、複数の銀行口座の入出金情報やクレジットカードの利用履歴を自動で取得して、一つの画面でまとめて管理できます。口座やカードを一回登録するだけで、いちいち手入力しなくても、最新情報に勝手に更新してくれるだけでなく、家賃や食費、生活費などのカテゴリに自動で分類してくれるので、とても便利です。買い物のレシート類もスマホのアプリで撮影するだけで、情報を読み取って、家計簿に反映されます。日々の家計簿（入出金管理）だけでなく、預金、株式、投資信託、年金など、手持ち資産の状況を確認できるツールも用意されているので、個人で利用するには十分すぎる機能です。

基本は無料のフリーミアムモデルですが、有料プレミアムサービスの料金も月額５００円と良心的。法人向けの「ＭＦクラウド会計」(https://biz.moneyforward.com/) もあり、会計業務・確定申告、請求書作成、経費精算、給与計算、マイナンバー収集まで、中小企業の経営に必要なツールがそろっています。

同じく、小規模企業の経営者や個人事業主向けなら、クラウド会計の「フリー」(https://www.freee.co.jp/) が便利です。日々の経理業務のみならず、請求書発行、経費精算、給与計算など、必要な機能がそろっているだけでなく、質問に答えていくだけで青色申告、白色申告の確定申告書が作成できるサービスや、画面の指示にしたがって入力するだけで、会社設立や個人事業の開業に必要な書類を一式作成できるサービスもあります。

こうしたサービスは、インターフェイスもわかりやすいのですが、ブロックチェーンなどと比べると、技術的にそこまで目新しいものはありません。安定して使える「枯れた技術」をベースにしているので、信頼できるともいえそうです。

銀行間送金サービスの三つ巴の戦いとは？

旧態依然とした銀行間送金システムをどうするか。①大手銀行同士が手を組み、時間をかけて着実に更新する。②大手銀行同士をブロックチェーン技術でつなげる。③地銀を束ねて仮想通貨を利用したシステムをつくる。

PART1で、ビットコインの得意分野の一つは、国をまたいだ資金の移動だと述べました（78ページ参照）。しかし、ビットコインが担っているのは、いまのところ、個人間の少額の送金が中心です。それに対して、億単位の金額をやりとりする銀行間送金システムをどうするか、という問題があります。

SWIFT（81ページ参照）に代表される既存の銀行間送金システムは、もう耐用年数をとっくに過ぎたレガシーシステムで、現代のダイナミックでスピーディーな経済活動の足かせになっているのは間違いありません。

しかし、銀行間ネットワークは、万が一でも障害が起きると、経済が止まってしまうレベルの話なので、現状で仮想通貨を取り扱っているような小さなスタートアップが手をつけるべき領域ではありません。

そのため、ゴールドマン・サックスなど米国の大手銀行を中心に、10年先、20年先を見据えた議論が進んでいます。ただ、世界中の金融機関が対象となるだけに、合意を形成するまでにはまだまだ時間が必要なようです。

銀行経由の送金手数料が高い理由

また、ある程度の金額を海外送金するときは、FinCEN（金融犯罪取締ネットワーク）やFATF（金融活動作業部会）が常時監視の目を光らせています。テロ資金の移動を監視したり、マネーロンダリングを防いだりするために、少しでも異常な取引があればすぐにチェックできる体制を敷いているので、どうしても固定コストがかかってしまうのは避けられません。

私は試しに1万円を米国に送金したことがありますが、まず日本から送る段階で3500円の手数料がとられ、さらに米国で受け取る段階で4500円の手数料をとられました。つまり、手数料だけで8000円が消えて、実際に受け取ったのは2000円分のドルだけでした。

そのとき、銀行から電話がかかってきて、「何の用途で送ったのか」「誰宛てに送ったのか」といったことを口頭でチェックされました。「米国に在住する姉宛てに、どういう手数料がかかるのか、試しに送ってみています」と説明すると、「しばらくお待ちください」といったん電話が切れ、何日か後にようやく送金できるようになったのです。

このように、海外送金をするためには、銀行は全部裏を取らなければいけません。きちんと裏取りをせずに、もし問題が発生したら、銀行が責任を問われてしまうからです。金融庁から検査が入って業務停止命令が出たりするので、そうしたことを未然に防ぐためには、すべての取引について、事前にチェックする必要があるし、後から確認できるようにきちんと記録に残しておくことが求められています。銀行法で義務づけられているので、勝手に「なし」にはできません。

私たちは普段そうしたことは意識していませんが、送金業務一つとっても、さまざまな手続きのうえに成り立っているのです。

そういう人手をかけてやっていた業務をテクノロジーでどんどんリプレイス（置き換え）して、コストを下げていこうというのが、いまのフィンテックの流れです。

ただ、既存の金融機関が自らこの自動化に手をつけるのは、なかなかむずかしいものです。現に稼いでいる事業と競合するため、新規事業に手を出しにくいイノベーションのジレンマに陥ってしまうからです。だからそこは、しがらみのないスタートアップのほうがチャレンジしやすい。フィンテックに数多くのスタートアップが群がってきているのは、そういう理由もあります。

ブロックチェーンを利用した送金システム

そこで、既存の銀行間システムを更新するのとは別に、日本のメガバンクはメガバンクで、モルガン・スタンレーなど海外の一流銀行と組んで、世界中を巻き込んだ海外送金のプロトコルをつくろうと、R3というブロックチェーン・スタートアップがコンソーシアムを立ち上げ、攻勢を強めています。

また、国内に目を転じると、SBIホールディングスが、直接海外送金できない地方銀行を巻き込んで、「リップル」という仮想通貨を使ったサービスを提供しています。そのネットワークに接続している銀行なら、海外送金も早く、安くできるわけです。

この三つが、銀行経由の海外送金に関して、三つ巴の争いを繰り広げています。現状の銀行送金が、不便で、手数料が高くて、使いにくいというのは誰でも知っていることですから、これからの海外送金で誰が主導権を握るのか、戦国時代の様相を呈しています。

さらに、銀行を通さない送金システムとして、ビットコインが注目されているということはすでに何度も述べました。銀行経由の海外送金が正規ルートとするなら、ビットコインによる海外送金は迂回ルートです。大規模で堅牢な正規ルートの重要性は変わりませんが、もっと手軽な送金手段として、ビットコインが発達してきたということです。

少額を頻繁にやりとりするならビットコイン、数百億円を送るなら安心と安全の銀行システムといったように、おそらく、送金の金額や頻度によって棲《す》み分けることになるでしょう。ただ、メガバンクがやっているのは、送金手数料を下げるためというよりも、自分たちのコストを下げて、その分利幅を大きく取りたいという本音が見え隠れしているので、巨人の戦い方はスタートアップとは違うのかもしれません。

セブン銀行やオリックス銀行の場合

銀行はお金まわりの業務を全部担っています。信用を担保しなければいけないし、貸付もしなければいけないし、送金もやらなければいけません。同じ送金でも、少額送金と高額送金のどちらもやらなければいけない。しかし、少額送金は手数料が安くてほとんど儲からないから、本音を言うと、あまりやりたくないかもしれません。しかし、銀行法のしばりがあるため、勝手にやめたといって撤退することはできません。であるならば、その業務を切り離したほうが銀行の生産性も上がるはずです。

一方、これまで送金をしていなかった新しいタイプの銀行にとってはチャンス到来で、ビットコインの技術を取り入れて新規顧客を開拓したいと、私たち事業者のところにも問い合わせが入ってきています。

たとえば、コンビニATM網だけで実店舗を持たないセブン銀行や、預金を持たないオリックスやイオン銀行など、銀行免許は持っているけれども一部の業務しかやってこなかった銀行にとっては、ビットコインを使った送金機能を新規に追加すれば、新しい市場を取り込めるかもしれません。

MUFGコイン

三菱東京UFJ銀行がブロックチェーン技術を使った独自通貨「MUFGコイン」を

2017年秋にも導入するというニュースが流れて、業界に衝撃が走りました。

ただし、「MUFGコイン」が法律上の仮想通貨に当たるかどうかは疑問の余地があります。改正資金決済法では、仮想通貨はどこでも使えるものとされていますが、報道を見る限り、「MUFGコイン」は三菱東京UFJ銀行の中でしか使えないようです。そうなるとデジタル上のお金ではあっても、「1コイン＝1円」と決まったレートでしか交換できず、いわゆる仮想通貨ではないことになります。仮想通貨の取引所が取り扱うようなものではないということです。

では、何のためにMUFGコインを導入するのかといえば、利用者側のメリットというよりも、銀行側のメリットがあるからではないかと想像します。預金者にMUFGコインを配っておくことでデータの管理が簡単になり、自社のシステムコストを大幅に下げることができるからです。

システムをつくるコストも、メンテナンスのコストも、ブロックチェーン技術を使えば、ずっと安く済むはずです。たとえば、現行のシステムの運用費が年間5億円かかっていたとすると、新しいシステムを導入すれば、5000万円くらいで運用できるとしたら、企業として取り組む価値はあるでしょう。しかし、そのことが直接、利用者側のメリットにつながるかというと、もう少し様子を見てみないとなんともいえません。

ＭＵＦＧコインは、仮想通貨というよりも、ＭＵＦＧの中だけで通じるポイントに近いものだと思います。

ビットコイン取引所の生きる道

さて、既存の金融機関でビットコインをはじめとした仮想通貨の取り扱いがはじまると、仮想通貨専門の取引所はどうなるのでしょうか。

私は三つのやり方があると考えています。

まず、これまで同様、独立独歩でやっていく。ただし、資本力は弱いです。

次に、既存の金融機関に買ってもらって、銀行の「中の人」としてやっていく。

最後は、経営的な独立は保ちつつ、既存の金融機関と協業しながらやっていく。

どんなポジションをとるかによって生き残るための方法は変わりますが、銀行の人たちはフィンテックのような新しいテクノロジーにくわしくないので、私たちのようなテック系ベンチャーの知識やノウハウが欲しいわけです。そうなると、手の組み方はいろいろバリエーションがあります。

どの道をとるにせよ、国内外の取引所同士を結んだネットワークがすでにあるので、そことつながるには、私たち取引所と組んだほうが、既存の金融機関にとってもメリットが大きいのではないかと考えています。

いまさら聞けない
ビットコインとブロックチェーン

発行日　2017年 3 月25日　第1刷
　　　　2017年10月20日　第8刷

Author　大塚雄介

Book Designer　小林祐司

Publication　株式会社ディスカヴァー・トゥエンティワン
〒102-0093　東京都千代田区平河町2-16-1 平河町森タワー11F
TEL　03-3237-8321（代表）　FAX　03-3237-8323
http://www.d21.co.jp

Publisher　干場弓子
Editor　千葉正幸　（編集協力：田中幸宏）

Marketing Group
Staff　小田孝文　井筒浩　千葉潤子　飯田智樹　佐藤昌幸　谷口奈緒美
古矢薫　蛯原昇　安永智洋　鍋田匠伴　榊原僚
佐竹祐哉　廣内悠理　梅本翔太　田中姫菜　橋本莉奈
川島理　庄司知世　谷中卓　小田木もも

Productive Group
Staff　藤田浩芳　原典宏　林秀樹　三谷祐一　大山聡子　大竹朝子
堀部直人　林拓馬　塔下太朗　松石悠　木下智尋　渡辺基志

E-Business Group
Staff　松原史与志　中澤泰宏　中村郁子　伊東佑真　牧野類

Global & Public Relations Group
Staff　郭迪　田中亜紀　杉田彰子　倉田華　李瑋玲

Operations & Accounting Group
Staff　山中麻吏　吉澤道子　小関勝則　西川なつか　奥田千晶　池田望　福永友紀

Assistant Staff　俵敬子　町田加奈子　丸山香織　小林里美　井澤徳子　藤井多穂子　藤井かおり
葛目美枝子　伊藤香　常徳すみ　鈴木洋子　内山典子　石橋佐知子　伊藤由美　押切芽生　小川弘代
越野志絵良　林玉緒

Proofreader　文字工房燦光
Printing　共同印刷株式会社

ISBN978-4-7993-2015-0